AI⁺企业管理

减本增效的 7 大应用场景

王忠帅　张运建　著

江西科学技术出版社
江西·南昌

图书在版编目（CIP）数据

AI企业管理：减本增效的7大应用场景 / 王忠帅，张运建著. -- 南昌：江西科学技术出版社，2024.12.
ISBN 978-7-5390-9422-9

Ⅰ. F272.7

中国国家版本馆CIP数据核字第2024418UA号

AI企业管理：减本增效的7大应用场景
AI QIYE GUANLI: JIANBEN ZENGXIAO DE 7 DA YINGYONG CHANGJING

王忠帅　张运建　著

出版 发行	江西科学技术出版社
社址	南昌市蓼洲街2号附1号 邮编：330009　电话：（0791）86623491　86639342（传真）
印刷	河北万卷印刷有限公司
经销	全国新华书店
开本	710 mm × 1000 mm　1/16
字数	177千字
印张	14
版次	2024年12月第1版
印次	2024年12月第1次印刷
书号	ISBN 978-7-5390-9422-9
定价	98.00元

国际互联网（Internet）地址：http://www.jxkjcbs.com　　选题序号：ZK2024432　赣版权登字：-03-2024-364
责任编辑：魏栋伟　　　　　　　总策划：杨青　　　　　出版统筹：柴占伟
策划编辑：杜若婷　李浚宁　　　装帧设计：杨紫藤
版权所有　侵权必究

（赣科版图书凡属印装错误，可向承印厂调换）

前言

PREFACE

在当今数字化和智能化的时代，企业管理面临着前所未有的机遇和挑战。随着技术的飞速发展，人工智能正逐步渗透各个行业，并在改变传统管理模式方面发挥着核心作用。企业如何快速适应这一趋势，如何将 AI 技术有效地应用于自身的管理流程中，成为每一个渴望实现爆发式增长的企业必须面对的问题。

本书从多个维度探讨了 AI 在企业管理中的实际应用，旨在为企业管理者提供实用的工具和方法，帮助企业管理者在激烈的市场竞争中取得成功。

AI 正在深刻改变各行各业，企业管理者应该意识到，AI 不仅可以提高工作效率，优化业务流程，还可以为战略决策提供重要支持。这一技术的广泛应用正在打破传统的行业边界，使企业获得新的竞争优势。在此背景下，本书将带领读者走进 AI 世界，揭开 AI 在企业管理中的神秘面纱，并深入探讨它是如何改变企业的运营方式，助力企业实现可持续快速增长的。

  本书分析了 AI 在企业管理各方面的应用案例，帮助企业管理者很好地理解 AI 工具如何在具体业务场景中发挥作用。例如，在企业运营管理中，AI 自动化任务管理系统可以帮助管理者更好地分配资源和优化流程，而风险预警系统能够提前预测潜在的运营风险，帮助企业在变化莫测的市场环境中保持稳健运营。

  本书不仅是企业管理者的实用指南，也是一本探讨未来企业管理模式的著作。无论你是希望提高企业运营效率的管理者，还是正在寻找新的增长点的创业者，相信这本书都将为你提供一定的价值。AI 世界充满机遇，期待每一位读者通过阅读本书，能够掌握 AI 带来的管理密码，实现企业的爆发式增长。本书为了更加真实的呈现 AI 工具的实际工作状态，对于 AI 所生成的内容未做任何修改，其中难免会有错漏，请各位读者知悉。

CONTENTS

目 录

01 走近人工智能的世界

1.1 揭开人工智能的神秘面纱　　　　　　　　　　02
1.2 人工智能的"前世今生"　　　　　　　　　　05

02 巧用人工智能，问题不再棘手

2.1 主流人工智能工具大盘点　　　　　　　　　　08
2.2 如何挑选你的人工智能合作伙伴　　　　　　　25
2.3 向人工智能提问的小技巧　　　　　　　　　　27
2.4 提示词及正确使用　　　　　　　　　　　　　57

03 场景一 智能化人才招聘

3.1 AI 人才招聘公告　　　　　　　　　　　　　　72
3.2 自动筛选求职简历　　　　　　　　　　　　　77
3.3 AI 考试题目　　　　　　　　　　　　　　　　82

04 场景二 岗前 AI 训练营

4.1 岗前培训，互利共赢 88
4.2 智能化岗前培训 90

05 场景三 AI 销售推广大师

5.1 打造 AI 超级销售 93
5.2 AI 做短视频矩阵 107
5.3 AI 打造高转化朋友圈 112

06 场景四 AI 市场营销大师

6.1 做好市场调查 118
6.2 市场营销策划 123
6.3 企业宣传海报制作 137

07 场景五 AI 运营指挥官

7.1 AI 与企业运营管理   145

7.2 日常运营任务 AI 自动化   148

7.3 企业运营风险 AI 预警   164

08 场景六 企业财务流程自动化

8.1 企业报销凭证   180

8.2 财务数据智能预测   187

8.3 日常资金收支管理   192

09 场景七 AI 投资决策

9.1 综合分析行业现状，辅助做好投资决策   202

9.2 企业投资与发展方向预测   211

结语   214

走近
人工智能的世界

1.1 揭开人工智能的神秘面纱

AI 也被称为机器智能，指由人制造出来的机器所表现出来的智能。

通常人工智能是指用普通计算机程序来模拟和呈现人类智能的技术。有时候，人工智能这个术语还用来指代这样一个研究领域，即探讨这种智能系统是否能够实现，以及如何实现的领域。随着医学、神经科学、机器人学、统计学等学科的不断进步，越来越多的人认为，很多传统职业都会逐渐被人工智能所取代。可见，人工智能及其发展已经成为我们不能忽视的问题。

20 世纪中期，人们普遍认可的观点是 AI 是有关"智能主体的研究与设计"的学问，而智能主体是指一种能够观察周遭环境并作出做动以达到目标的系统。而后安德烈亚斯·卡普兰（Andreas Kaplan）和迈克尔·海恩莱因（Michael Haenlein）提供了一个更加具体的定义，他们认为人工智能是一种"能够正确解释外部数据，从这些数据中学习，并利用这些知识通过灵活适应实现特定目标和任务的系统"。从广义上讲，人工智能可以被定义为模仿人类与人类思维相关的认知功能的机器或计算机。这些认知功能包括学习、解决问题等。实际上，现今的人工智能已成为计算机科学的一个分支，目标是在机器中实现这些认知功能。一个具备人工智能的系统能够感知它的环境，并采取行动，最大限度地提高其成功机会。人工智能还可以从过去的经验中学习，做出合理的决策，并快速响应环境的变化。

人工智能的研究是高度技术性和专业性的，各分支领域深入且独立，但它们之间时常又相互交叉和依赖。AI 的研究始终探索着许多技术问题，领域内的分支主要集中在如何使用各种不同的工具完成特定的应用程序。核心问题是如何构建能够与人类相媲美甚至超越人类的系统。这些系统需要具备的能力包括推理、知识的获取与应用、计划、学习、交流、感知、移动、操控机械、使用工具等。人工智能研究人员的最终目标是构建强人工智能，这是一种能够执行任何人类能够完成的任务的智能系统。目前，弱人工智能已经在诸如影像识别、语言分析、棋类游戏等特定领域中取得了显著进展，有些方面甚至已经超越了人类的水平。举例来说，在影像识别中，AI 可以通过不断训练和学习大量数据，准确识别照片中的物体；在自然语言处理中，AI 可以分析文本，进行语义理解和对话生成；在棋类游戏中，AI 能够通过策略推演和学习，击败人类棋手。而这些系统使用的同一个 AI 模型可以在不同任务中切换，而不需要重新开发算法，这正是 AI 通用性的一种体现。但是，要实现具有思考能力的强人工智能（Strong AI），还有许多科学和技术难题需要解决。研究人员正在不断探索，包括使用统计方法、计算智能等手段，以实现这一长远目标。现代人工智能方法涉及多种数学工具和算法，包括搜索和数学优化、逻辑推演等。

基于仿生学、认知心理学、概率论和经济学的算法也在逐步被研究和应用。人工智能的理论基础和实践方法的不断丰富和发展，使得我们离全面实现强人工智能的目标越来越近。在实际应用方面，人工智能已经在许多领域展现出巨大潜力和实际价值。例如，在医疗领域，AI可以帮助医生诊断疾病，根据海量的医学数据提供诊疗建议；在金融领域，AI可以分析市场趋势，优化投资组合；在自动驾驶领域，AI可以实时感知和判断道路环境，确保行驶安全；在工业制造领域，AI可以提高生产效率，优化资源配置。人工智能还在娱乐、教育、安全等领域发挥着重要作用。无论是自动生成音乐和艺术作品，还是通过在线学习平台提供个性化教育，AI正逐步融入我们生活的各个方面。

1.2 人工智能的"前世今生"

近些年，人工智能取得了飞速的发展，从社会的各项产业，到我们生活的方方面面，人工智能都起到了不替代的作用。在生活中，人工智能的作用让我们感受尤为明显，比如网络上的人工客服，餐厅里的智能点菜机器人和送餐机器人等。人工智能的产生和发展，让我们的生活发生了翻天覆地的变化，而这一切其实也经历了比较漫长的演变过程。

所谓"前人栽树后人乘凉"，在人工智能出现之前，科学界的先驱曾为之做出许多努力。1943年，神经生理学家沃伦·麦卡洛克（Warren S.McCulloch）和逻辑学家沃尔特·皮茨（Walter Pitts）开始进行人工智能相关的研究，探寻人类大脑的智能化发展方式。因为早期的研究比较初步，而且技术水平并没有发展到一定的高度，所以这时还不算人工智能的正式出现阶段，只能算作为人工智能的出现打基础的阶段。与此同时，加拿大心理学家唐纳德·赫布（Donald Hebb）也在这方面持续深耕，并且取得心理学相关领域的突破，对人工智能的产生有重要的推动意义。

1950年，艾伦·图灵（Alan Turing）发表了一篇名为《计算机器与智能》的论文，在这篇文章中，他提出了一个"图灵测试"的理论概念，并且在经过自己多次试验后，提出了机器能够具有人脑相似功能的假设，这意味着科学界对于人工智能的研究往前迈进了一大步。

1956年，达特茅斯学院数学助理教授约翰·麦卡锡（John McCarthy）提出"人工智能"这一概念，并被确立为一门独立的学科。这意味着，人工智能从无到有的转变，堪称人工智能发展历史上重要的里程碑。

1959年，国际商业机器公司（IBM）科学家亚瑟·塞缪尔（Arthur Samuel）提出了"机器学习"的概念，他认为，"机器学习"是一种全新的学习模式，改变了传统机器的固有模式，机器不再是死板教条的程序系统，而是可以不断学习、成长的。这意味着，人工智能快速发展的黄金时期即将到来。之后，越来越多的科学家开始进行人工智能的相关研究，政界、商界也将目光转移到该领域，提供了非常丰富的政策支持和资金支持。

经过短暂的发展之后，人工智能"寒冬"来临。人们已经有了放弃的念头。20世纪70年代，一部分投资者开始撤资，部分人工智能相关企业无以为继，只能宣布破产。不过还有少量研究机构"巧用妙招"，给人工智能改了个名字，叫作"模式识别"或"信息学"，仍然能够吸引投资，继续研究人工智能。所以，这段时间是人工智能在黑暗中缓慢发展的阶段。

20世纪中后期，人工智能迎来蛰伏后的又一发展契机，以"专家系统"的名称重获新生。专家系统的概念使得计算机可以通过编码人类专家的知识和经验，解决相对复杂的问题。以此为基础，人工智能的研究在多个领域得到了进一步的探索和应用。在象棋领域，人工智能的表现尤为突出，到1989年，卡内基梅隆大学研究处的象棋程序HiTech和"深思"（Deep Thought）击败了多位国际象棋大师。这一重大突破不仅展示了人工智能在策略和计算能力上的潜力，也为未来更为先进的象棋程序铺平了道路。随后，IBM公司开发的"深蓝"（Deep Blue）为这一领域的研究推向了巅峰。"深蓝"是第一台与世界冠军对战，并且获得胜利的计算机象棋程序，这一事件标志着人工智能在特定领域中的计算和决策能力达到了一个新的高度。从此，人工智能在各个方面的应用迅速扩展，逐渐开启了智能时代的序幕。

随着时代不断发展，人工智能快速崛起，进入21世纪之后，在各项新兴技术的加持之下，比如大数据、云计算、物联网等技术，人工智能的处理能力逐渐得到强化，深度学习已然成为其基本能力。

巧用人工智能，
问题不再棘手

2.1 主流人工智能工具大盘点

2.1.1 ChatGPT

ChatGPT 已经成为当今互联网上最热门的话题之一。其一产生，人工智能大模型便迅速席卷了整个互联网。

ChatGPT 由 OpenAI 研发，于 2022 年 11 月底首次亮相，现在成为全球技术界关注的焦点（图 2-1）。

聊天GPT

获取答案。寻找灵感。提高工作效率。

免费使用。轻松尝试。只需询问，ChatGPT 可以帮助写作、学习、头脑风暴等。

现在开始↗   下载应用程序↗

图 2-1 Open AI 官方网站

ChatGPT 是一种基于深度学习的自然语言处理模型。作为一个聊天机器人，ChatGPT 的核心能力在于其基于庞大语料库的训练，能够理解并模拟人类的语言模式。不同于传统的自然语言处理工具，ChatGPT 能够在对话中实时调整，以适应对话的上下文，这让 ChatGPT 具有了很强的可调教性，在多次对话后，我们可以让它的对话方式、语气等发生明显的变化。当然，如果你认为 ChatGPT 只有这些能耐，那就大错特错了。ChatGPT 的能力远不止于此。它还能撰写论文、邮件、脚本和文案，甚至还擅长翻译和编程。这使得 ChatGPT 不只是一个单纯的对话伙伴，更是一个 24 小时待命，且多才多艺的"助手"（图 2-2）。

> 你好！我想写一个短篇小说，但我需要一点帮助才能开始。你能帮我想出三个有趣且新颖的前提吗？

当然可以！这里是三个有趣且新颖的短篇小说前提，涵盖不同风格，希望能激发你的灵感：

1. 时间邮局的最后一封信

在一座即将关闭的"时间邮局"里，人们可以寄信给过去或未来的自己，但每个人一生只有一次机会。主角是一名年轻的邮局管理员，工作期间，他偶然发现了一封未投递的信，信的收件人是自己，但日期显示为20年后。好奇心驱使他打开这封信，里面的内容预示着一场改变命运的事件——一场必须阻止的灾难或一个无法回避的选择。

核心冲突：主角该如何面对未来的预告？如果"时间邮局"即将消失，这是否意味着他将错过改变命运的机会？

2. 失物招领处的重生物品

城市里有一间奇特的失物招领处，失主们找回的东西都会发生微妙的改变：一枚旧戒指戴上后让人回忆起遗忘的爱情、一台打火机可以燃烧影像般的回忆、一把伞下雨天撑开后总能遇见某个人……主角是一名苦于生活平淡的青年，他偶然捡到一件"失物"，本想归还，却发现这东西开始悄悄地改变他的生活——带来了幸运，也带来了无法预料的后果。

核心冲突：这些物品为什么会"改变"？主角究竟是在受益，还是被某个未知的力量操控？他是应该放下失物，还是探寻它背后的真相？

图 2-2 ChatGPT 是一个多才多艺的"助手"

2024 年，OpenAI 不断推动 ChatGPT 的多平台发展。除了原有的网络版本，还相继推出了安卓版、桌面应用程序，并且增加了语音对话功能。这一系列的更新使 ChatGPT 能够更好地融入人们的日常生活。如今 OpenAI 宣布允许 ChatGPT 免费用户每天使用其 DALL·E 3 模型生成图片。这让更多的普通用户能够体验到 AI 的魅力，也相当于从侧面促进了 AI 技术的普及和应用，毕竟更多的用户也就意味着 ChatGPT 具有更多的经验可以总结。

我们还可以让 ChatGPT 进行自我介绍（图 2-3、图 2-4）。

> 向我介绍你自己

你好！我是你的智能助理，具备强大的语言理解与生成能力，可以帮助你处理各种任务，包括撰写文案、提供创意、优化文本、解决专业问题，甚至进行数据分析和可视化。我还能根据你的需求提供市场化、专业化的建议，并融入你的个人喜好与风格。

无论是日常工作中的文案创作、项目策划、专业知识解答，还是创新点子的碰撞与调整，我都可以随时为你提供支持。

你有任何问题或者需要帮助的地方，尽管告诉我！

图 2-3　ChatGPT 自我介绍

> 可以介绍地再详细一些吗

当然可以！我是由OpenAI开发的大型语言模型，基于GPT-4架构。我的设计使我能够理解和生成文本，帮助你解答问题、提供信息、创造内容、执行计算任务，甚至模拟对话。我可以处理从深度学术研究到日常闲聊的各种话题。

我的训练涵盖了大量的书籍、文章、网站和其他文本形式的数据，因此我能够提供包括历史、科技、艺术、哲学等多个领域的知识。此外，我还能进行图片生成、简单的数学计算和数据可视化，以及利用最新信息进行实时查询。

我的设计目标是为用户提供高效、准确的信息服务，并通过对话来改善用户的体验。不管你的需求是专业知识的查询、文案的创作还是商业策略的讨论，我都能提供帮助。我还可以记住用户的偏好和需求，以提供更个性化的服务。希望能在你的学习、工作和生活中发挥积极作用！

图 2-4　ChatGPT 进行详细的自我介绍

当我们向 ChatGPT 询问它是谁的时候，它能够为我们提供言简意赅的答案，如果我们想让它介绍得详细些，显然它也能很容易做到。事实上，许多对话操作都是非常容易的。

比如，我们向 ChatGPT 提问，让它为我们推荐一顿晚餐，它可以结合我们的问题和需求，快速为我们提供答案，效率非常高（图 2-5）。

> 请帮我推荐推荐一个美味健康的晚餐

🌀 当然！这里推荐一个**美味又健康**的晚餐方案，既简单又营养均衡：

主菜：香煎三文鱼配蔬菜藜麦沙拉

食材：

- 三文鱼排 1块（约200g）
- 橄榄油 1勺
- 盐、黑胡椒、柠檬汁 少许
- 新鲜迷迭香或百里香（可选）

配菜：藜麦蔬菜沙拉

- 藜麦 50g（提前煮熟）
- 圣女果 6-8个（对半切开）
- 牛油果 半个（切块）
- 黄瓜 半根（切丁）
- 紫甘蓝 适量（切丝）
- 菠菜叶或其他绿叶蔬菜 1小把
- 橄榄油、柠檬汁、少许蜂蜜、盐和黑胡椒

做法：

1. **煎三文鱼**
   - 三文鱼用厨房纸吸干水分，撒上少许盐、黑胡椒和柠檬汁腌制5分钟。
   - 热锅加一勺橄榄油，中小火放入三文鱼，皮朝下煎3-4分钟至金黄，翻面再煎2分钟即可。喜欢香料的话，可以放一小枝迷迭香提香。
2. **准备藜麦沙拉**
   - 将提前煮熟的藜麦放入碗中，加入切好的圣女果、牛油果、黄瓜、紫甘蓝和菠菜叶。
   - 淋上橄榄油、柠檬汁和少许蜂蜜，再加点盐和黑胡椒拌匀。
3. **摆盘**

图 2-5　ChatGPT 推荐一顿晚餐

2.1.2 盘古大模型

盘古大模型，即华为旗下的 AI 大模型，体量庞大，包含许多高精尖计算模式，海量数据为其提供多种分析模式。盘古大模型主要包括 NLP 大模型、CV 大模型、多模态大模型、预测大模型、科学计算大模型。

盘古 NLP 大模型是一款大规模自然语言处理模型，它创新性地采用了 Encoder-Decoder 架构，使得盘古 NLP 模型在语言理解和内容生成两方面均表现卓越，还提升了其在不同系统中的嵌入和应用灵活性（图 2-6）。

图 2-6　盘古 NLP 大模型

无论是复杂的文本解析，还是高质量的内容生成，盘古 NLP 大模型都能游刃有余地应对，从而为各类下游任务提供强有力的支持。盘古 NLP 大模型的最大优势在于其强大的适应性和快速迭代的能力。在实际应用中，仅需少量的样本和可学习参数，其就能迅速完成对千亿规模大模型的微调和下游任务的适配，大大降低了使用门槛，提高了应用效率。

这种高效的调优能力使盘古 NLP 模型在各类复杂的实际场景中得以广泛应用，无论是智能客服、内容推荐，还是自动摘要、机器翻译等领域，盘古 NLP 模型都展现出卓越的性能。盘古 NLP 大模型还在全球范围内树立了技术标杆，2019 年，它在中文语言理解评测基准 CLUE 榜单上取得了优异成绩，更是在分类任务和阅读理解等多个单项任务中刷新榜单纪录。

盘古 CV 大模型凭借其在分类、分割和检测等方面的卓越表现，重新定义了视觉 AI 的技术标准（图 2-7）。作为业界首次实现模型按需抽取的最大规模 CV 大模型，盘古 CV 大模型突破了传统视觉模型的限制，在技术架构上实现了革命性的创新。这一模型兼顾判别和生成能力，灵活适应不同场景的需求，实现快速、高效的 AI 应用开发与部署。在模型设计方面，盘古 CV 大模型引入了层次化语义对齐和语义调整算法。这一创新使模型能够在浅层特征上获得更好的可分离性，这意味着模型在处理复杂图像特征时能够更精确地识别和区分不同的对象，即使在数据样本较少的情况下，依然能够展现出超凡的学习能力。在实际操作中，盘古 CV 大模型能够根据不同的任务需求，自适应地抽取适当规模的模型，在保证高精度的同时，兼顾运行效率。这种灵活性使它可以被广泛应用于各类视觉任务，无论是智能监控、自动驾驶，还是医疗影像分析，盘古 CV 大模型都能提供精准、可靠的视觉识别与分析能力。

盘古CV大模型

AI for Industries 大模型重塑千行百业

基于海量图像、视频数据和盘古独特技术构筑的视觉基础模型，赋能行业客户利用少量场景数据对模型微调即可实现特定场景任务。

图 2-7　盘古 CV 大模型

2.1.3 悟道

悟道，即智源"悟道"人工智能大模型，是由北京智源人工智能研究院牵头，多家机构共同研发的智能模型，自2021年首次亮相以来，悟道已经发展至"3.0时代"。回望2021年，3月份智源发布"悟道1.0"，同年6月发布"悟道2.0"。在"3.0时代"，悟道进入全新阶段，致力实现"大炼模型"到"炼大模型"的转变（图2-8、图2-9）。

图2-8 悟道主界面

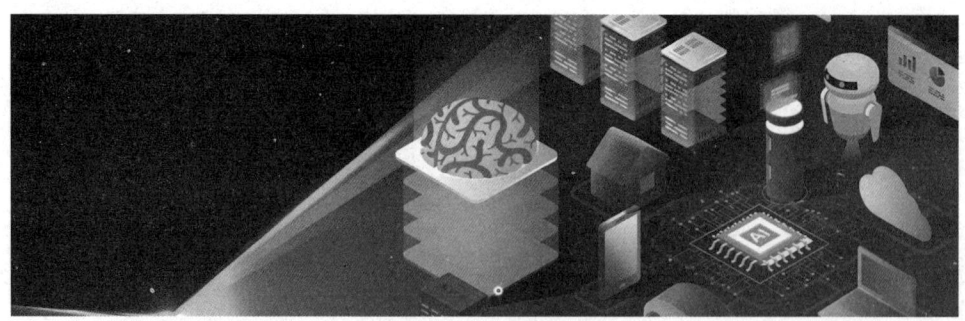

图2-9 悟道发展动态

悟道基于开源的 MoE 系统 FastMoE 进行训练。MoE 的工作原理如下：在预测建模任务中，其将整个任务划分为多个子任务，并针对每个子任务训练专门的专家模型。为了优化预测效果，研发人员开发了一个门控模型，该模型能够根据输入数据的特性，智能选择最适合的专家模型进行咨询，并将各专家模型的预测结果进行组合。FastMoE 技术进一步增强了这个过程，使得系统能够并行地咨询不同的专家模型，并动态切换到预测效果最佳的模型。例如，当输入的是英文文本时，系统将自动选择并使用最擅长处理英文文本的预测模型来生成准确的回应。

2.1.4 文心一言

文心一言（ERNIE Bot）是百度在人工智能领域的一次重要突破，作为文心大模型家族的重要成员，文心一言代表了知识增强大语言模型的前沿技术，更是智能交互、创意生成和知识管理的强大工具（图 2-10、图 2-11）。

文心产业级知识增强大模型

工具平台	数据标注与处理		大模型精调
		行业大模型	
		自然语言处理	
		文心一言 ERNIE Bot	
文心大模型	对话 PLATO-XL		搜索 ERNIE-Search

图 2-10 文心大模型家族成员

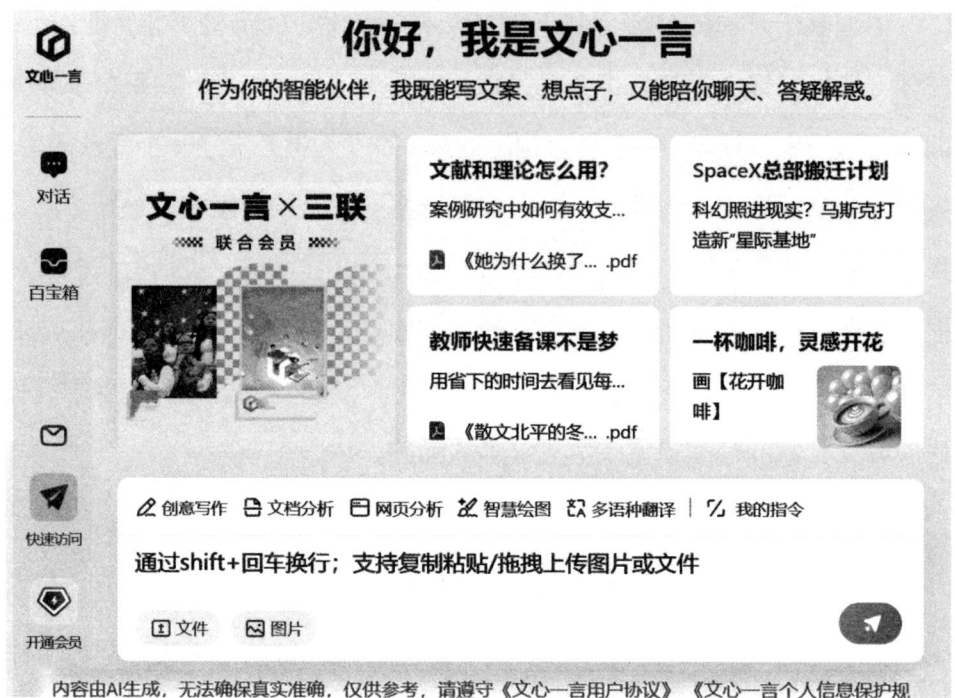

图 2-11 文心一言主界面

文心一言具备与人类进行自然、流畅对话的能力，能够回答问题、协助创作，并为用户提供高效便捷的知识获取途径。其背后的核心技术源于对数万亿数据和数千亿知识的深度融合学习，结合了预训练大模型的优势，并采用了有监督精调、人类反馈的强化学习和提示等技术，确保其在知识增强、检索增强和对话增强方面表现卓越。

自 2023 年 3 月 16 日正式启动邀请测试以来，文心一言迅速引发了业界和用户的广泛关注与期待。仅在几个月后的 8 月 31 日，文心一言全面开放给社会公众，开放首日就引发了海量互动，共计回复了超过 3342 万个问题，这充分展示了其强大的处理能力和广泛的应用场景。

文心一言还具备一定的图片解析能力，如图 2-12～图 2-14 所示。

巧用人工智能，问题不再棘手

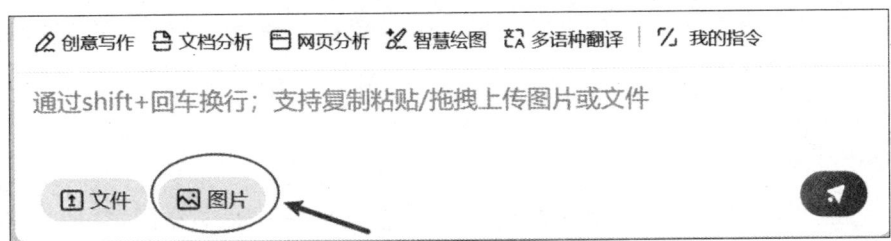

图 2-12　点击"图片"

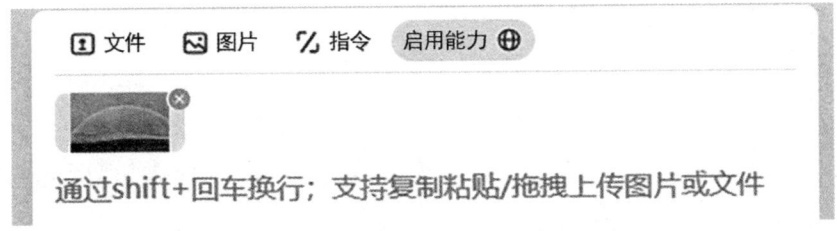

图 2-13　选中想要让文心一言分析的图片

分析这张图片，我们可以从多个维度来解读它所传达的信息和感受：

1. 自然美景的展现

- **彩虹的壮观**：图片中最引人注目的元素莫过于那道完整的彩虹。彩虹作为自然界的奇观之一，不仅色彩丰富，而且寓意着希望、美好和和平。彩虹的完整呈现，特别是其颜色的清晰和层次感，让人感受到大自然的神奇和美丽。
- **开阔的土地**：背景中的土地给人一种广袤无垠的感觉，尽管颜色偏向黄褐色，但草地的覆盖为这片土地增添了一抹生机。这种开阔的视野让人心胸豁然开朗，仿佛所有的烦恼都能随风而去。

2. 天空与气候的描绘

- **晴朗的天空**：天空中的云彩虽然不多，但足以证明当时的天气是晴朗的。这种晴朗的天空背景使得彩虹更加鲜明，也增强了整个画面的明亮度和对比度。

图 2-14　文心一言图片解析内容

17

可见，文心一言可以迅速对图片进行解析，并且给出比较全面的解析内容。如果我们对内容不太满意，还可以让它重新解析，这为我们提供了很大的便捷性。

至 2024 年 4 月 16 日，文心一言用户数已经突破了 2 亿，API 日均调用量同样达到了 2 亿次，展现了其在各类应用场景中的广泛需求和高频次使用。同时，文心一言服务的客户数量超过了 8.5 万，在百度千帆平台上依托文心一言开发的 AI 原生应用数量也突破了 19 万。

随着技术的不断进化，文心一言迎来了新的阶段，升级为"文小言"。文小言以更加智能和个性化的方式服务用户，不断优化人机互动体验，推动信息获取和知识创造的变革。

2.1.5 通义千问

通义千问是阿里云推出的一款强大的语言模型，这款模型于 2023 年 4 月首次亮相，并在同年 9 月 13 日正式对外开放。通义千问可以通过其强大的数据整理、分析和对话能力，为人们的生活和工作提供便利（图 2-15）。

图 2-15　通义千问主界面

2023年12月,阿里云开源了通义千问的720亿参数模型,并在同月通过了国内首个"大模型标准符合性评测",证明其在通用性和智能性方面达到国家标准。2024年5月,阿里云又发布了更先进的通义千问2.5大模型,并对其主要模型Qwen-Long进行了价格上的大幅调整,使其更加亲民。通义千问模型不断进化,目的是更好地融入人们的日常生活,成为真正的数字助手。

作为一个多模态大模型,通义千问具备多轮对话、文案创作、逻辑推理等功能(图2-16、图2-17)。它可以理解和生成多种语言的内容,支持多模态的知识理解,能够进行文案创作,甚至续写小说和编写邮件。通义千问的设计宗旨是"通情达义",意在用AI的力量,增强人机交互的智能性和便利性。

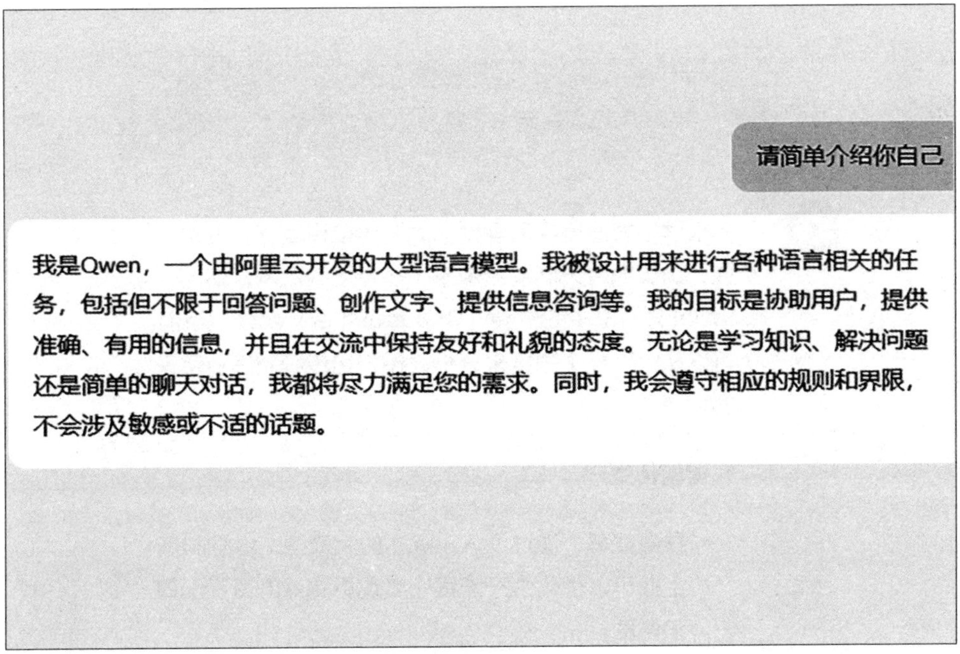

请简单介绍你自己

我是Qwen,一个由阿里云开发的大型语言模型。我被设计用来进行各种语言相关的任务,包括但不限于回答问题、创作文字、提供信息咨询等。我的目标是协助用户,提供准确、有用的信息,并且在交流中保持友好和礼貌的态度。无论是学习知识、解决问题还是简单的聊天对话,我都将尽力满足您的需求。同时,我会遵守相应的规则和界限,不会涉及敏感或不适的话题。

图2-16 通义千问自我介绍

> 你最大的特点是什么？

作为阿里云开发的语言模型，我的最大特点在于以下几个方面：

1. **广泛的知识覆盖**：我可以提供广泛领域的信息，从科学、技术到文化、艺术等多个领域，帮助用户获取所需的知识和解答疑问。
2. **自然流畅的对话能力**：我被训练来理解和生成自然语言，能够与用户进行流畅的多轮对话，模拟人类之间的交流方式。

图 2-17　通义千问介绍自己的特点

通义千问通过其高级编程辅助功能，为软件开发人员提供了强大的支持。它能够帮助用户编写代码、阅读代码、查找和修复 BUG 以及优化现有代码，极大地提升了开发效率和软件质量（图 2-18）。通义千问能够对财经文献进行深度解读，自动绘制图表，实时分析市场数据，这一功能特别适用于金融分析师和投资者（图 2-19）。

> 你擅长用SWOT分析法，请用中文回答：大模型的发展，给传统制造业带来了哪些机会

大模型（如深度学习模型、大型语言模型等）的发展，确实为传统制造业带来了多方面的影响。使用SWOT分析法中的机会（Opportunities）部分，我们可以从以下几个角度来分析大模型给传统制造业带来的机遇：

1. **智能化生产**

- **提高效率**：通过引入AI驱动的大模型，传统制造企业可以优化生产流程，实现更高效的资源配置和调度。

图 2-18　通义千问答 SWOT 分析法

请写一篇小红书种草笔记，增加丰富的emoji元素，结尾作总结，并加上相关标签。主题为：秋季穿搭推荐

🧭 已完成搜索

👗秋季穿搭推荐 | 打造你的专属时尚风格👗

👗封面故事：

[封面图：一张精心布置的秋日穿搭场景，包括一件复古风针织开衫、一条高腰A字裙和一双棕色短靴，背景是金黄的落叶。]

💡标题：

🍂【必看】2024秋日时尚攻略 | 穿搭新宠大揭秘🍂 | 秋季必备单品推荐

📝正文：

👗总述：

大家好呀！我是你们的小红书时尚达人小Q。随着秋

图 2-19 通义千问答（小红书风格种草笔记）

当我们打开通义千问的主页面后，会发现左侧有"智能体"的选项（图 2-20）。

图 2-20 通义千问"智能体"选项

点开后，会出现如图 2-21 所示的大量的智能体版块，可以为相关创意工作者提供丰富的创意灵感。

图 2-21　通义千问智能体板块

通过实时更新的数据分析，用户可以快速把握市场动态，做出准确的投资决策。在学习领域，通义千问可以为用户提供强大的文本总结功能，帮助用户短时间内获取长篇阅读材料的要点。这一功能对于研究人员和学生来说尤其宝贵。

通义千问旨在成为用户日常生活和工作中值得信赖的助手，帮助人们高效地完成任务，享受科技带来的便利。

2.1.6　讯飞星火

从初版到现在的多个版本，科大讯飞推出的讯飞星火大模型经历了多次发展和更新换代。例如，讯飞星火大模型 V2.0 引入了更多的自然语言处理功能，而讯飞星火大模型 V4.0 加入了更多的个性化和交互性强的元素，如"星火极速超拟人交互"，使机器与人的对话更加流畅自然（图2-22）。

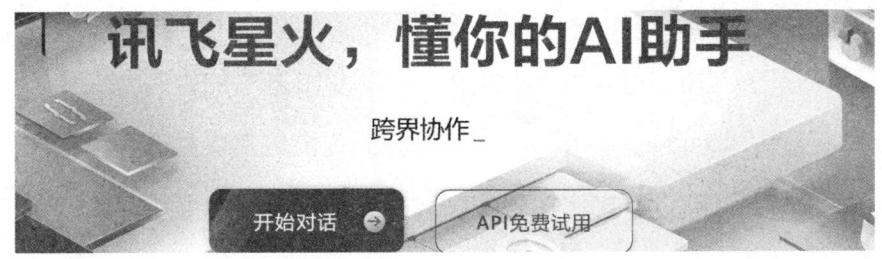

图 2-22 讯飞星火大模型主界面

讯飞星火大模型具有七大核心能力，即内容制作、语言理解、知识问答、逻辑推理、数学能力、代码生成、多模生成（图 2-23）。

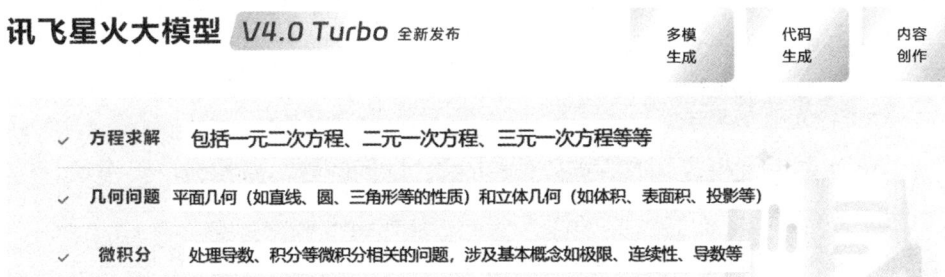

图 2-23 星火认知

2.1.6.1 内容创作

讯飞星火大模型具有内容创作的功能。当我们和它对话，对它下达指令的时候，大模型会迅速理解我们的意思，并且做出反馈。比如，利用讯飞星火大模型可以撰写商业文案、营销方案、新闻通稿，甚至进行英文写作等。

2.1.6.2 语言理解

讯飞星火大模型具有一定的语言理解能力。无论我们对它说中文、英语，还是法语、德语，它都能够快速理解含义，并且按照我们所要求的语种进行回答。

2.1.6.3 知识问答

讯飞星火大模型可以为我们提供一些建议。基本的生活常识和通识性知识，它都可以"信手拈来"，比如为我们提供日常饮食、运动方面的建议，为我们提供历史、文化相关的文案等。

2.1.6.4 逻辑推理

讯飞星火大模型能够进行思维推理、科学推理、常识推理等，能够运用海量数据库中的数据内容，分析和推理问题，具有较强的针对性和准确性。

2.1.6.5 数学能力

讯飞星火大模型可以完成方程求解、几何问题、微积分、概率统计等。

2.1.6.6 代码生成

讯飞星火大模型可以完成代码生成、代码解释、代码纠错、单元测试等工作。比如，大模型可以准确地识别出代码中的错误并提供修正建议，极大地提高了编程的效率和代码的质量。通过综合的编程支持功能，讯飞星火大模型简化了开发过程，还提高了开发安全性和效率。

2.1.6.7 多模生成

多模交互意味着讯飞星火大模型可以完成许多复杂的工作，并不仅限于单纯的文字或代码工作，更包括不同类型的模态相结合的工作，比如图片解析、音频解析、视频解析甚至制作，通过训练这些都是可以做到的。

2.2 如何挑选你的人工智能合作伙伴

在科学技术快速发展的当代社会，人工智能已经成为许多产业创新发展的驱动力之一。对于各类企业，无论是刚刚兴起的小微企业还是已经在社会中"站稳脚跟"的大企业，都需要人工智能的支持，可见选择一个人工智能合作伙伴非常重要。

现在市面上的人工智能产品十分丰富，难以抉择。许多人可能想选择一款人工智能产品，给自己的工作和生活提供方便，但是却不知道从何下手。选择 AI 产品尺寸我们可以考虑以下几个要点。

在选择适合自己的人工智能软件之前，要先明确自己的需求，根据需求大致判断所需人工智能软件的种类。假如自己需要制作大量的音频或视频文件，那么最好把关注点放在媒体领域相关的人工智能软件上。这种人工智能软件通常有强大的音视频制作、处理能力，可以帮助我们完成剪辑、调色等工作，提高产品制作效率，优化质量，比如 Sora（图 2-24）Suno（图 2-25）等。

图 2-24　Sora

图 2-25　Suno

假如你经常撰写文案、报告、计划书等，可以多关注在具有文案生成能力的人工智能软件。这类软件具有较出色的语言组织、文案润色等能力，比如文心一言、通义千问等。

2.3 向人工智能提问的小技巧

作为对话大模型，人工智能软件能够针对不同的提问给出不同的答案，即使我们询问同一个问题，在不同的问法下，人工智能的答案也会有所不同。这就要求我们掌握向人工智能提问的小技巧，以便在问答的时候获得自己想要的答案。简单地说，我们在和人工智能软件沟通的时候，提问的质量决定答案的质量，提问的效率决定了工作的效率。

2.3.1 提问的基本方法

向人工智能准确发问，能够帮我们获得准确有效的信息，节省时间和精力。

2.3.1.1 直截了当提出问题

在提问之前，要想好所要获取的答案的大致方向，将问题精确化，避免提出过于空泛、笼统的问题。假如问题过于空泛，人工智能的回答也会空泛，不具备针对性，得到的结果也会不理想，浪费时间和精力。

假如我们想了解某个电脑软件的使用指南，若问 AI 软件："请问 XX 软件应该怎么使用？"我们一定很难获得准确的实践操作介绍。所以一定要问："XX 软件的 XX 功能应该怎么使用，需要点击哪里，请为我列出具体的实践操作步骤。"这明确的提问可以帮助我们获得更具针对性的答案。图 2-26、图 2-27 展示了两个向文心一言提问的例子。

> 参考 3 条网页信息源 ∨

在WPS Word文档中插入图片有多种方法，以下是具体的操作步骤：

方法一：使用插入功能

1. **打开文档**：打开你需要编辑的WPS Word文档。
2. **定位光标**：将光标移动到你想插入图片的位置。
3. **选择插入图片**：

- 点击头部菜单栏中的"插入"选项。
- 在二级菜单栏中点击"图片"，然后在下拉菜单中选择"本地图片"。
- 浏览你的电脑，找到并选中你想要插入的图片，然后点击"打开"或"插入"按钮。

方法二：直接拖拽

1. **找到图片**：在电脑的文件资源管理器中找到你想要插入的图片。
2. **拖拽图片**：鼠标左键点击图片并按住不放，移动鼠标到任务栏下方的WPS图标上。
3. **插入图片**：等切换到Word文档界面后，将光标移动到你想插入图片的位置，松开鼠标后，图片即被插入到指定位置。需要注意的是，Word文档要提前打开。

方法三：使用快捷键

1. **复制图片**：找到你想要插入的图片，然后使用"Ctrl+C"快捷键进行复制。
2. **打开文档**：打开你需要编辑的WPS Word文档。
3. **定位光标**：将光标移动到你想插入图片的位置。

图 2-26　文档插入图片步骤

> 我想学习一道简单下饭的家常菜，请帮我推荐一道。

🌐 参考 2 条网页信息源 ∨

为您推荐一道简单下饭的家常菜——**醋溜豆芽**。这道菜不仅制作简便，而且口感酸爽，非常开胃下饭。以下是醋溜豆芽的制作方法：

材料准备

- 豆芽：适量（根据人数调整）
- 干辣椒：适量（根据口味调整）
- 蒜瓣：适量（一般2~3瓣）
- 葱：适量（一根葱取葱白和葱绿部分）
- 香醋：适量（一般2勺用于调味，另2勺用于出锅前淋入）
- 糖：小半勺
- 盐：适量
- 味精：适量（可选）
- 食用油：适量

图 2-27 请文心一言推荐家常菜

2.3.1.2 用语清晰易懂

向人工智能提出问题的时候，用语要明确、清晰，不要出现歧义词句，不要出现模糊、容易引起误会的内容，否则人工智能会判断失误，而为我们提供错误的答案。例如，我们想了解企业在大批量生产文具的时候，如何避免原材料的浪费，一定要问清楚，把意思表达明确，而不要单纯地问一句："如何避免浪费？"两种不同的问法，所得到的答案可能天差地别。

例如，我们想了解繁忙的文案工作之后如何放松，可以问文心一言："经过一天伏案工作，我该如何放松身心？"（图 2-28）千万不要直接问："我怎样放松身体？"因为人工智能并不清楚你所做的是哪类工作，所给出的放松方案可能并不适用。

> 经过一天伏案工作，我该如何放松身心？
>
> 经过一天长时间的伏案工作，放松身心非常重要，以下是一些建议来帮助你缓解疲劳和压力：
>
> **一、身体放松**
> 1. **拉伸运动**：进行一些简单的拉伸运动，如颈部、肩部、背部和手臂的伸展，有助于缓解肌肉紧张和僵硬。
> 2. **眼保健操**：长时间盯着电脑屏幕容易导致眼睛疲劳，可以做一些眼保健操来缓解眼部压力。
> 3. **散步或慢跑**：如果时间允许，可以到户外散步或慢跑一段时间，这有助于促进血液循环，减轻身体的疲劳感。
>
> **二、心理放松**
> 1. **冥想或深呼吸**：找一个安静的地方，闭上眼睛，进行冥想或深呼吸练习，这有助于平静心情，减轻焦虑和压力。
> 2. **听音乐**：选择一些轻松愉悦的音乐，让大脑得到放松和享受。
> 3. **阅读**：阅读一本喜欢的书籍或杂志，让心灵得到滋养和放松。
>
> **三、生活调整**
> 1. **合理安排工作**：尽量避免长时间连续工作，可以每隔一段时间休息一下，如每小时休息5-10分钟。
> 2. **调整饮食**：保持均衡的饮食，多吃一些富含维生素和矿物质的食物，如水果、蔬菜和全谷物食品。
> 3. **保持良好的睡眠习惯**：确保每晚获得足够的睡眠，这有助于恢复身体的能量和精力。
>
> **四、社交互动**
> 1. **与家人或朋友交流**：分享一天的工作经历，倾听他们的意见和建议，这有助于缓解孤独感，增强社交支持。
> 2. **参加社交活动**：如果可能的话，参加一些社交活动或兴趣小组，与志同道合的人一起交流和学习。

图 2-28　用语清晰易懂的语言向文心一言提问

提问用语清晰易懂且结合了自身情况，因此人工智能迅速为我们提供了一些放松身心的方案，不一定所有的方案都合适，我们可以从中选择容易实现的方案，让身心获得放松。

2.3.1.3 输入参考性线索

参考性线索指对于人工智能来说有一定参考价值的文字线索，这类线索尽可能准确一些，人工智能可以根据这些线索，为我们生成更符合要求的答案,即更有针对性、更具体性、更准确的答案。只有提供充分的参考性线索,让人工智能了解我们提问的背景,它才能够更好地理解问题。例如,我们想了解关于室内软装的问题,一定要把房屋的具体情况告诉它,如果什么都不说,直接问:"给我一些室内软装的建议。"那么我们所得到的内容一定是空泛的,不具有参考性,毕竟不同房屋的具体情况差异很大。我们可以把参考性线索全部输入给它。

例如这样问:"我准备对我的新家装修,房屋'套内面积'约为102平方米'脚踩面积'约为98平方米,我希望采用现代简约风格进行装修,预算为5万元左右,你有什么建议吗?",如图2-29所示。

> 我准备对我的新家装修,房屋"套内面积"约为102平方米,"脚踩面积"约为98平方米,我希望采用现代简约风格进行装修,预算为5万元左右,你有什么建议吗?

针对您102平方米(套内面积)、98平方米(实际使用面积)的新家,采用现代简约风格进行装修,并控制在5万元左右的预算,以下是一些建议:

一、装修方式与材料选择

1. **选择半包装修**:自己购买部分材料,如瓷砖、地板、灯具等,可以更好地控制预算和品质。
2. **电线与水管**:厨房和卫生间使用高功率电器和水流,选用4平方毫米的电线和优质水管;其他区域可选2.5平方毫米的电线。这样既能满足需求又能节省预算。
3. **瓷砖与地板**:选择中档品牌的国产瓷砖和地板,性价比高。例如,瓷砖可以选择300x300、600x600、800x800等常用规格,铺贴方式选择正贴,费用较低。

二、空间规划与布局

1. **客厅**:
   - 墙面可以刷乳胶漆,颜色以白色或淡黄色为主,简约大方。

图2-29 向文心一言提问时充分表达参考性线索

可见，在我们提供足够的背景信息的情况下，人工智能软件所提供的回答非常全面（因篇幅限制，此处只截取部分内容作为参考）。

因此，当我们向人工智能系统提问时，提供充分的参考性线索是非常重要的。基于机器学习或深度学习的系统，其回答的质量和准确度在很大程度上依赖输入数据的完整性和相关性。一定要确保问题表述清晰，如果问题涉及特定的领域、情境或历史背景，提供相关信息以帮助理解问题。

2.3.1.4 拆分式提问

有时候我们向人工智能提出的问题比较大，问题涉及的方面比较多，如果直接提问，所得到的答案可能过于宏观，对每一个细小方面的介绍可能不够细致。这时我们可以进行拆分式提问。拆分式提问，也就是分阶段提问，先从宏观上提问，再提问涉及细枝的具体问题，这样我们就能获得比较全面的答案。例如，如果我们想了解某所教育机构的发展情况，就可以先提问："XXX教育机构近期的发展情况如何？"这时候人工智能给出的答案一定是比较空泛的，不够具体的。然后，我们从人工智能给出的答案中寻找线索，针对各个小的方面针对性提问，就可以全面获得问题的答案了。

拆分式提问有许多好处，比如降低难度，复杂的问题往往包含多个层面或维度，人工智能难以一次回答清楚。通过拆分，问题被简化为一系列简单的子问题，子问题更易于被AI处理。而且子问题更加具体和明确，有助于消除歧义。人工智能在回答每个子问题时可以更专注于相关信息，从而提高回答的准确性。

值得注意的是，拆分式提问并不意味着将问题无限制地细化下去。

在实际应用中，需要根据问题的复杂性和人工智能软件的能力水平合理确定拆分的程度和深度。

下面我们示范如何进行拆分式提问。首先，我们向人工智能提出一个宏观问题。

> 问：进行文创产品设计的步骤有哪些？
>
> 答：进行文创产品设计的步骤通常包括以下几个方面：
>
> 一、前期准备阶段
>
> 确定项目目标和需求：
>
> 明确文创产品的设计目的、用途、受众群体以及所要传达的文化主题，为后续的设计工作奠定基础。
>
> 市场调研和分析：
>
> 分析目标市场、目标用户和竞争对手，了解市场需求和趋势，以及类似产品的现状。
>
> 通过研究消费者行为、喜好及文化背景，为产品设计提供数据支持。
>
> 资源准备：
>
> 确定项目的预算、人力资源和物资等需求，为设计过程提供必要的支持。
>
> 二、创意发展阶段
>
> 创意概念生成：
>
> 设计师进行头脑风暴、素材收集等活动，结合文化元素、

> 设计理念和市场需求，生成多个创意概念。
>
> 这些概念应体现产品的独特性、创新性和文化价值。
>
> 确定设计方向：
>
> 从多个创意概念中选取一个或多个最有潜力的设计方向。
>
> 这些方向应能够符合项目目标、受众需求，并有效传达文化元素。
>
> …………

人工智能根据该宏观问题问题给出了一些相对具体的步骤。如果我们想获得更加细化的答案，就可以根据它所提供的答案，进一步细化提问。

> 问：在前期准备阶段的确定项目目标和需求环节，具体应该怎么做？
>
> 答：在文创产品设计的前期准备阶段，确定项目目标和需求是至关重要的一步。以下是具体应该怎么做的详细步骤：
>
> 一、明确项目目标
>
> 理解项目背景：
>
> 深入了解项目的来源、目的和预期成果。明确文创产品设计在整体项目或业务中的位置和作用。
>
> 设定具体目标：
>
> 根据项目背景，设定文创产品设计的具体目标。这些目标

应该是可量化、可实现的，并且与项目整体目标相一致。例如，目标可能是提升品牌形象、增加产品附加值、满足特定消费群体的文化需求等。

二、分析受众需求

确定目标受众：

明确文创产品的目标受众群体。了解他们的年龄、性别、职业、兴趣爱好、消费习惯等特征。

可以通过市场调研、问卷调查、用户访谈等方式获取目标受众的信息。

挖掘受众需求：

分析目标受众的需求和期望。了解他们对文创产品的关注点、偏好和痛点。

结合受众的文化背景、生活方式和价值观，挖掘潜在的设计需求和创意点。

…………

通过以上提问方式，我们不仅了解了文创产品设计的总体步骤和大概流程，还通过拆分式提问方式，一步一步全面了解各个环节的具体实践方法。

2.3.2 提问的几大原则

向人工智能提问时，应遵循几个重要的原则，以确保问题明确、有针对性，从而获得高质量的答案。例如，提出的问题应尽量具体、明确，避免模糊或宽泛的描述。"如何写一篇关于友情的小说？"比"告诉我一些写作建议"更具体。

2.3.2.1 明确表达需求，提供充足的背景资料

提问的时候，要给出比较详细的背景资料，确保表述的问题足够清晰，便于理解。同时，关于自己想要的答案的形式，也可以加以限制，比如想要条理清晰的答案，可以加一句"请明确分条"，如果不想让要这种分条展示答案，可以加一句"不要细分条目"。这样答案就能够贴近我们想要的方向和类型。

错误示范如下。

> 问：请你帮我撰写一篇××运动手表的宣传文案。
>
> 答：××运动手表，精准记录每一步。时尚设计，健康监测，全能运动模式，智能互联生活。超长续航，伴你探索世界，彰显个性风采。健康运动，就选××！

在以上错误示范中，由于提示词过于简单，人工智能所生成的内容也非常简单，内容较少，而且缺乏吸引力。接下来，我们丰富提示词的内容，看看将会有怎样的变化。

正确示范如下。

问：请你帮我撰写一篇关于××运动手表的宣传文案，该运动手表抗震效果好，心率监测、血压检测、睡眠监测等功能比较强大，而且充满一次电可以正常使用半月时间。要求：文案语言通俗易懂、诙谐幽默，受众是青年群体和中年群体。

答：

××运动手表宣传文案

××运动手表，动感生活新伙伴！

专为中青年运动爱好者打造，××运动手表，你的健康守护者！超强抗震设计，无论户外探险还是日常磕碰，都能轻松应对。实时心率监测，精准血压检测，让你随时掌握身体状况，运动更安心。深度睡眠监测，记录你的每一个好梦，醒来精神焕发。更有超长待机，告别电量焦虑，陪你畅享运动无极限。选择××运动手表，开启你的健康活力新生活！

可见，在不同的问法下，人工智能的答案明显不同。第二个文案明确了目标用户，具体介绍了产品的功能，可以帮助潜在的中青年运动爱好者更好地了解产品的优点，进而产生购买意向。反观第一个文案，在内容上略显浅显，没有深入展示产品的具体优势。第二个文案的用语更有感染力，指向性、针对性更强，更容易让运动爱好者产生共鸣，从而激发消费活力。所以，提问的时候一定要提供充足的背景资料，这样才能收获贴切、全面的内容。

错误示范如下。

> 问：帮我推荐一下，周末怎么玩？
>
> 答：
>
> 周末的活动可以根据你的兴趣和当地的情况来安排，下面是一些广泛的建议，希望能为你的周末增添乐趣：
>
> 1. 户外活动。
>
> 徒步旅行：选择一条风景优美的徒步道，享受大自然的宁静。
>
> 骑行：骑自行车去附近的公园或乡村道路，是锻炼身体的好方式。
>
> 野餐：带上美食，和朋友或家人一起去公园野餐。
>
> 2. 文化体验。
>
> 博物馆或艺术展：访问当地的博物馆或艺术展，增长知识，欣赏艺术。
>
> 电影或剧院：看一部新上映的电影或当地剧院的演出。
>
> …………
>
> 考虑到天气、预算和个人兴趣，你可以选择以上建议中的一个或几个来规划你的周末。希望你有一个愉快的周末！如果你告诉我你的位置或更具体的兴趣，我还可以提供更具体的建议。

通过以上提问方式，人工智能给出的答案比较宽泛，而且某些活动可能并不适合提问者，所以答案不具备很强的可行性。再加上天气情况不可预测，我们所能进行的周末活动就更少了。

正确示范如下。

> 问：本周末，大概率天气晴，微风，日间气温约 20°C，我比较喜欢户外运动，请帮我推荐一下。
>
> 答：
>
> 天气晴朗、微风和 20°C 的温度是进行户外运动的理想条件。这里有一些适合你的活动建议：
>
> 1. 徒步旅行。
>
> 选择一条适合你体力和时间的徒步道。可以选择风景优美的国家公园或自然保护区，享受大自然的宁静和美丽。
>
> 2. 山地自行车骑行。
>
> 如果你喜欢一些刺激的活动，可以尝试山地自行车。找一个有山地自行车道的地方，享受速度与激情的结合。
>
> 3. 攀岩。
>
> 对于喜欢挑战自我的你，可以尝试户外攀岩。选择一个适合初学者或中级攀岩者的岩场，体验攀登的乐趣。
>
> ……
>
> 这些活动不仅能让你充分利用美好的天气，还能让你的身心得到锻炼和放松。希望你有一个活力满满的周末！

经过我们调提整问的方式，人工智能给出的答案更贴近提问者的生活习惯，可实现性明显增强。

2.3.2.2 语言表述精确，用对关键词

在我们人工智能提问之前，要先设想一下用语，要保证措辞规范、言简意赅，确保把自己的问题表述清楚。用词含混不清会导致人工智能软件产生误解，进而增加我们的工作量，降低效率。因此，提问的时候要确保问题中包含准确、无歧义的关键词，这样能让人工智能快速锁定问题范围，精准分析，定位需求，给出答案。

错误示范如下。

问：怎么吃能减肥？

答：减肥通常需要通过改变饮食习惯和增加身体活动来实现。饮食方面，有几个基本的建议可以帮助你达到减肥的目标：

1. 控制热量摄入。

减少高热量食物的摄入，比如炸食、甜食和高脂肪食物。

增加低热量、高纤维的食物，如蔬菜、水果和全谷类食品，这些食物可以增加饱腹感而热量较低。

2. 均衡营养。

确保饮食中有良好的蛋白质来源，如瘦肉、鱼、豆类和

低脂乳制品。

适量摄入健康的脂肪，如橄榄油、坚果和鱼油，避免反式脂肪和过多饱和脂肪。

…………

正确示范如下。

问：我是一名男性，身高175cm，体重90kg，四肢不太胖，肚子大、赘肉多，有吸烟喝酒习惯，请问我应该怎么减肥，帮我制订一个比较详细的计划。

答：基于你的情况，这里有一个专为你制订的减肥计划，主要目的是减少腹部脂肪、提高整体健康，并逐步减少不良生活习惯。计划分为饮食、锻炼和生活方式三部分：

1. 饮食计划。

早餐：选择全麦面包两片搭配一个煮蛋，喝一杯无糖豆浆或牛奶。

上午加餐：吃一个苹果或一小把坚果（不超过30克）。

午餐：准备一份烤鸡胸肉或鱼肉（约150克），搭配大量绿色蔬菜（生吃或蒸煮后食用）和一份糙米或全麦面。

下午加餐：一份无糖低脂的酸奶。

晚餐：蒸豆腐一块，搭配蘑菇和少量橄榄油炒的蔬菜，再来一碗自制蔬菜汤。

晚上加餐：吃一个橙子或一些水果片。

2. 锻炼计划。

周一和周五：进行30分钟的快走或慢跑，以提高心率和燃烧脂肪。

周二：进行30分钟的力量训练，特别是针对腹部的锻炼，帮助紧致核心肌肉。

周三：游泳30分钟，游泳是一种全身运动，有助于提高体能和减少体内脂肪。

周四：进行30分钟瑜伽或拉伸，帮助恢复肌肉和提高柔韧性。

周六：进行20分钟的高强度间歇训练（HIIT），快速提高总代谢量。

周日：休息或进行轻度散步，帮助身体恢复。

3. 生活方式改善。

戒烟：逐渐减少每天的吸烟量，制订一个逐步戒烟的计划，如每周减少2～3支烟，直到完全戒除。

控制饮酒：限制每周的饮酒次数至1～2次，每次不超过两杯。

睡眠：每晚保证7～8小时的高质量睡眠，尽量在23:00前上床。

管理压力：尝试冥想、深呼吸等放松技巧，保持积极的心态。

在这个问答案例中，我们在问题中突出强调了关键词，相比上面的错误示范，正确示范中包含非常的关键词，比如"身高175cm""体重90kg""肚子大"等，人工智能针对这些关键词，提供了详细的减脂方案，饮食规划细化到克，具有很强的针对性和实践性。

错误示范如下。

> 问：我想多赚些钱，应该怎么做？
>
> 答：想要增加收入，你可以采取多种策略，根据你的能力、资源和时间的可用性来决定最适合的方法。以下是一些可行的策略：
>
> 1. 提升现有工作收入。
>
> 争取加薪：准备一份详细的业绩报告，展示你的成绩和贡献，并与上司讨论加薪的可能性。
>
> 寻求晋升机会：了解内部晋升路径，主动承担更多责任，提高自己在职场上的可见度和影响力。
>
> 2. 副业和自由职业。
>
> 开启副业：根据你的兴趣和技能开展副业，如在线销售、自由撰稿、咨询服务等。
>
> 网络平台赚钱：利用YouTube、TikTok等平台进行内容创作并变现。
>
> 技能服务：如果你有特殊技能如编程、设计、写作等，可以在Upwork、Freelancer等自由职业平台上接项目。
>
> …………

正确示范如下。

> 问：我在北京工作，是一名动漫设计师。目前我已经工作5年，每月收入约15000元，我想进一步提高自己的收入，请问你有什么建议？
>
> 答：既然你是一名有经验的动漫设计师，以下几个策略可能会帮助你提高收入：
>
> 1. 提升技能和专业认证。
>
> 学习新技能：考虑学习最新的动漫设计软件和技术，如3D动画制作、VR/AR内容制作等。
>
> 获取认证：一些软件厂商或专业机构提供的认证可能会提高你的专业水平和市场竞争力。
>
> 2. 寻求晋升或更高薪职位。
>
> 内部晋升：了解你当前工作单位的晋升路径，积极争取项目主管或团队领导的职位。
>
> 跳槽加薪：考虑寻找新的雇主，特别是那些可能提供更高薪资和更多发展机会的公司。
>
> 3. 副业和自由职业。
>
> 接私活：利用业余时间承接一些自由职业项目，如为其他公司或个人提供动漫设计服务。
>
> 开设在线课程：将你的专业知识转化为在线课程，通过教学视频教授动漫设计。
>
> ……

调整提问方式，增加关键词如"动漫设计师""月收入 15000 元"等，可使 AI 提供更具体、更贴近提问者的职业背景行动计划。

当使用人工智能软件提问时，要精确使用关键词以提高回答的相关性和准确性。避免模糊或过于宽泛的术语，并确保问题中既包含关键词也有足够的上下文信息。如果你对某一领域有深入了解，使用该领域的专业术语可使人工智能提供更专业、更精确的答案。如果初次提问没有得到满意的答案，可以尝试使用同义词或相关术语重新构建问题，同时尽可能限定问题的范围，这样不仅可以节省你寻找答案的时间，还能提高整体的交互效率。

2.3.2.3 逐步深入，引导人工智能细化答案

当使用人工智能获取信息时，应采取逐步深入的策略，逐渐引导，细化答案。

最初，我们可以提出一个概括性的问题，比如询问"如何改善睡眠质量？"人工智能软件可能会回答一些基本的建议，如保持规律的睡眠时间或避免睡前使用电子设备。然后，我们可以根据这些初步的回答，进一步提出更具体的问题，例如"哪种类型的床垫最有助于改善睡眠？"或"有什么科学方法可以快速入睡？"这种交流方式就像在剥洋葱，每提一个问题就揭开了一层皮，慢慢深入，直至得到更深层问题的答案。

最开始提出的问题泛些，随着对话的进行，后一次的问题都基于前一次的答案，逐步引导 AI，使其针对更具体的问题提供信息。比如，在探讨"提高工作效率"的问题时，起初可能会讨论通用的时间管理技巧。随后我们可以基于人工智能的建议询问特定的时间管理工具，例如"哪种数字工具

最适合项目管理？"通过这种逐步深入的对话交流，让人工智能软件可以更准确地理解提问者的需求，提供更高质量的信息。比如下面这个示例。

> 问：如何优化企业管理？
>
> 答：优化企业管理是一个多面向的挑战，需要从结构、人力、流程和文化等多个维度进行综合考量。在这个过程中，企业需要不断调整和改进以适应不断变化的市场环境和内部需求。以下是一些核心策略，可以帮助企业优化其管理模式：
>
> 1. 明确战略目标。
>
> 企业需要清晰地定义其长期和短期目标。这包括确定明确的业务发展战略、市场定位和预期成果。如同航海中的灯塔，这些目标指引着企业的每一步决策和资源配置。
>
> 2. 优化组织结构。
>
> 组织结构应支持企业的战略目标。这可能意味着重新设计组织架构，如设立更灵活的团队结构，减少层级，提高决策效率。组织结构的调整应当像植物的修剪，适时去除那些不再生长的枝条，使得资源更集中地供应给有生产力的部分。
>
> …………
>
> 继续提问：1. 明确战略目标：企业需要清晰地定义其长期和短期目标。这包括确定明确的业务发展战略、市场定位和预期成果。如同航海中的灯塔，这些目标指引着企业的每一步决

策和资源配置。

具体讲讲。

答：明确战略目标对于企业的成功至关重要。这些目标不仅为企业提供了方向，还帮助优化资源配置，并指导所有战略决策和日常运营活动。以下是如何明确企业战略目标的一些具体步骤：

1. 进行市场和内部分析。

市场分析：研究和分析市场趋势、竞争对手行为、客户需求和潜在的市场机会。使用工具如 SWOT 分析（优势、劣势、机会、威胁）和 PEST 分析（政治、经济、社会、技术）来全面了解外部环境。

内部分析：评估企业的核心竞争力、资源、技能和先前业绩。确定企业在市场中的独特定位和优势，以及需要改进或发展的领域。

2. 确定愿景和使命。

愿景声明：确定一个清晰的、激励人心的愿景声明，概述企业希望达到的未来状态。这应该是一个远大的目标，如成为某一领域的领导者。

使命声明：定义企业的核心使命，即企业存在的根本原因。这包括企业希望如何影响客户、员工及社会，并明确企业的基本职责和目标。

> 3. 设定具体的战略目标。
>
> SMART目标：根据愿景和使命，设定具体、可衡量、可达成、相关性强、时限性的目标（SMART）。这些目标应详细到能够清晰指导日常操作和决策。
>
> 长期和短期目标：区分长期目标和短期目标。长期目标可能是五年或十年的规划，而短期目标是一年或更短的实施计划。
>
> ……………

可见，当我们粗略地向人工智能软件询问"如何优化企业管理？"的时候，它会为我们提供一些大致的方向，给我们一些思路。

如果我们对其中某一步骤感兴趣，可以将这些内容"拿"出来，请它进一步详细说明，这样我们就能获得更详细的答案，可操作性更强。再看下面这个示例。

> 问：作为教师，怎么提升学生的创新能力？
>
> 答：作为教师，提升学生的创新能力是一项挑战性任务，但同时非常重要。创新能力不仅是学生在未来职业生涯中取得成功的关键，也是他们适应快速变化社会的重要技能。以下是

一些有效的策略，帮助作为教师的你提升学生的创新能力：

1. 鼓励探索和好奇心。

提供资源和机会：为学生提供各种资源和机会来探索他们的兴趣和好奇心。比如，可以安排时间让学生自由探索他们感兴趣的课题，或者通过项目学习法，让学生在解决实际问题的过程中学习和创新。

多样化的教学内容：引入跨学科的学习项目，让学生可以从不同角度和领域接触新知识，激发他们的好奇心和探索欲。

2. 培养批判性思维。

开放式问题：经常使用开放式问题促使学生思考，而不是仅仅回答是非题或选择题。开放式问题鼓励学生分析、评价并创建信息，而不仅仅是记忆。

辩论和讨论：组织辩论和讨论活动，鼓励学生从多角度思考问题，并提出自己的观点和解决方案。

…………

问：2. 培养批判性思维。

开放式问题：经常使用开放式问题促使学生思考，而不是仅仅回答是非题或选择题。开放式问题鼓励学生分析、评价并创建信息，而不仅仅是记忆。

辩论和讨论：组织辩论和讨论活动，鼓励学生从多角度思考问题，并提出自己的观点和解决方案。

具体说说。

答：培养批判性思维是教育中一个核心的组成部分，这能帮助学生在未来的学习和工作中独立思考并做出明智决策。下面详细讲解如何通过开放式问题和组织辩论及讨论活动来培养学生的批判性思维能力：

1. 开放式问题。

开放式问题是指没有固定答案的问题，它鼓励学生进行深入思考、分析和创新。这类问题通常需要学生综合使用已学知识，并从多个角度探讨问题。

如何设计开放式问题：

避免可以用"是"或"否"回答的问题。

设计问题时，可以包含"如何""为什么""比较"等词汇，引导学生提供详细的解释和论证。

举例来说，不是问"工业革命是否改变了欧洲？"而是问"工业革命是如何改变欧洲的社会结构和经济的？"

如何在教学中应用这些开放式问题：

在课堂讨论中引入这些问题，挑战学生的思考极限。

在学生完成阅读或研究后，使用开放式问题来检验他们的理解和分析能力。

鼓励学生在回答问题时提供证据支持他们的观点，促进更深层次的学习和理解。

2. 辩论和讨论。

通过辩论和讨论，学生可以在安全的环境中表达和挑战观点，这不仅可以提升他们的批判性思维能力，还能增强语言表达和公共演讲技能。

如何组织辩论和讨论：

选择一个有争议的话题，确保话题有足够的深度，能让学生从多个方面进行探讨。

分组让学生代表不同的观点，每组需要提供充分的论据从支持自己的立场。

设定明确的辩论规则，确保每位学生都有机会发言，同时学习如何尊重和聆听对方的观点。

…………

通过第一个问题"作为教师，怎么提升学生的创新能力？"，获知提升学生创新能力的几种基本方法，包括"鼓励探索和好奇心""培养批判性思维"等。之后我们选取其中的"培养批判性思维"，请工智能软件具体解释，它就可以据此给出更详细的答案，可参考性非常强。

2.3.2.4 不断调整，找对人工智能用语风格

如果我们以常规的方式来向人工智能软件提问，它给出的回答基本上采用常规模式，用语风格、感情色彩不够丰富，用语比较平淡，在情感共

鸣、情绪渲染和表达方面存在短板。我们只要稍加调教，就能够让它的用语风格朝着我们期望的方向转变。

> 问：书法是华夏民族宝贵的文化财富，结合这一主题撰写一段内容。
>
> 答：书法作为华夏民族的宝贵文化财富，承载着悠久的历史与深厚的文化底蕴。它不仅是一种文字书写的技艺，更是中国传统文化的象征与精神表达的形式。书法以汉字为基础，通过线条的变化、笔画的粗细、墨色的浓淡，传递出书写者的情感、心境和哲学思想。自古以来，书法被视为"心画"与"意象"的完美结合，书法家通过笔墨挥洒，将内心修养与美学追求淋漓尽致地展现在纸上。它不仅是艺术的表达方式，更是人文修养的体现，体现了中华民族对美、和谐以及内在精神的追求。在现代社会，书法依然保留着其独特的文化价值，是连接古今、传承传统文化的重要桥梁，也为当代艺术创造注入了新的活力与灵感。
>
> 问：我想要更加艺术化的语言风格，请调整。
>
> 答：书法，作为华夏文明绵延千年的璀璨瑰宝，宛如一条汩汩流淌的文化长河，承载着深邃的历史厚度与独特的精神气韵。它不仅是汉字的书写技艺，更是一种心灵的舞蹈、一场无声的对话。书法中的每一笔每一画，仿若充满生命的律动，在纸上洒下了挥洒自如的情感之韵。点横竖撇，皆凝聚着书者的

心性修为与天地之意，笔墨的浓淡变化仿佛自然界的阴晴圆缺，寥寥数笔，已可见山川之秀、宇宙之浩渺。

书法不仅是文字的载体，更是一种境界的升华，体现了中国人追求"天人合一"的精神内核。书者执笔，心随笔动，意蕴悠远，融汇着对生活、自然、天地万物的哲思与感悟。墨香四溢的书法卷轴，如同一幅幅灵动的画卷，承载着千百年来文人墨客的深情与思想，穿越时光，留存至今，依然以其独有的艺术魅力打动人心，成为连接古今文化的重要纽带，蕴含着永恒的美与和谐。

问：我想要学术化、专业化的语言风格，请调整。

答：书法作为中华文化的重要组成部分，具有深厚的历史渊源和文化积淀，是华夏民族特有的艺术形式与文化象征。书法不仅是汉字书写的技艺，更是传统文化精神的凝结与体现。在历史的长河中，书法以其独特的审美价值和文化内涵，成为文人雅士表达思想情感、修身养性的艺术载体。通过笔墨的运转和线条的布局，书法实现了形式与内容的有机统一，反映了中国人对"形而上"美学的追求以及"天人合一"的哲学思想。书法艺术以汉字为媒介，追求点画之间的节奏、气韵和意境，体现了中国传统艺术中对"虚实相生""动静结合"等审美原则的高度重视。同时，书法是个人修养和文化素养的外化，书写者的性情、学识和世界观往往在笔墨之中得到充分展现。正

> 因为如此，书法被誉为"无言的诗，立体的画"，它不仅承载着文字的实用功能，更通过独特的艺术表现形式，成为中华民族重要的文化符号和精神象征。在当代，书法作为非物质文化遗产，依然具有重要的学术研究和文化传承价值。它不仅是审美和艺术研究的对象，也是文化身份、社会价值观和民族认同感的重要体现。书法研究的深入，有助于进一步揭示其在文化历史中的发展脉络及其与其他艺术形式的互动关系，对于理解中华文化的独特性和普遍性具有重要意义。

在我们的调教下，人工智能软件快速转变用语风格，给出不同的答案，可以满足不同的需求。三种语言风格的差异主要体现在表达方式、语言特征和适用场合上。

艺术化的语言风格注重情感和画面感的传达，往往通过丰富的修辞手法，如比喻、拟人等，营造出强烈的审美效果。它重视情感的表达和内在的意境，给读者带来强烈的情感共鸣和视觉想象。

学术化的语言风格则强调逻辑性、严谨性和精确性。注重对理论和事实的清晰阐述，避免情感化和主观表达，力求用简洁而专业的语言传递复杂的信息。这种风格适合在学术研究和专业探讨中使用。

常规化的语言风格则居于两者之间，既保持了一定的情感表达，又兼具逻辑性。适合面向普通读者，在科普类、文化类的写作中更常见。

2.3.3 提问的注意事项

人工智能在许多方面表现出较大的优势,它就像一个百宝箱,对于各行业各领域都有所涉猎,当我们提问时,它总能在很短时间内提供比较体系化的答案。但是,在提问时我们应注意一些事项,毕竟人工智能不是万能的,它只是辅助我们的一项重要工具。

2.3.3.1 避免提问涉及隐私的信息

在与人工智能交流时,必须重视个人隐私信息的保护,避免提问或提供涉及隐私的数据,包括身份信息、密码、地址、电话、银行卡号、社会保障号码等。尽管人工智能具备较强的知识处理能力,但它并不具备对敏感数据的处理能力,也无法保障这些信息的安全。因此,任何涉及个人身份识别的数据都不应在与人工智能的互动中被提及。人工智能的设计初衷并非用于存储或分析隐私信息,而是帮助用户在安全的范围内获取知识、解答问题和提供建议。例如,不应测试人工智能是否会要求输入密码、验证身份或提供其他敏感信息。这种行为不仅有违安全使用原则,也可能涉及违法操作。

2.3.3.2 避免非法或不道德内容

在与人工智能互动时,要严格避免涉及任何非法或不道德的内容。询问人工智能有关违法行为、暴力、歧视、仇恨言论、欺诈、黑客技术等内容不仅违背道德准则,还可能触犯法律。这些问题具有潜在的社会危害性,也违背了人工智能的设计初衷,即帮助用户获取合法、正当的信息和支持。

人工智能不会提供有关非法行为的任何支持或建议，要杜绝任何试图利用人工智能传播仇恨、鼓励非法行为或获取非法信息的做法。

2.3.3.3 避免提出不现实的问题

在与人工智能互动时，提问应尽量基于事实，避免涉及虚假信息或阴谋论。人工智能的回答依赖其所接受的海量数据和已知知识体系，因此它无法处理完全虚构或未被证实的内容。提出不现实的问题，不仅会降低互动的有效性，还可能导致信息的失真和误导。例如，基于虚构的假设、荒诞的情境或缺乏事实依据的推论，人工智能无法提供有意义的解答。传播虚假信息或阴谋论不仅影响个人认知，也可能带来广泛的社会负面影响，人工智能无法参与这种无根据的信息传播。虚构的问题也浪费了与人工智能互动的宝贵机会，阻碍了对真实、有价值问题的探讨。因此，提问时应基于事实和理性思考，确保互动的内容有实际意义，并避免传播不符合现实的误导性信息。

2.3.3.4 不要恶意测试道德底线

与人工智能互动时，用户应避免恶意测试其道德底线，不应故意提出极端的道德困境或试图引导其做出不当的回答。尽管人工智能具备一定的防范机制，能够过滤掉一些不道德或极端的问题，但其核心设计并非用于引起伦理争议。人工智能的目的是帮助用户获取知识和解答问题，而不是对复杂的人类伦理进行评判。

2.4　提示词及正确使用

2.4.1　什么是提示词

你是否在使用人工智能软件的时候出现过这些问题：

模型无法按照我期望的风格和结构生成输出；

模型对我的提示词理解不够准确；

模型基于我的输入进行的分析不准确；

……

其实，你和完美提问之间就差正确的提示词。

2.4.1.1　提示词

提示词用于给人工智能软件以提示，从而使 AI 软件了解提问者的意图，给出确切的答案，提高答复效率。

提示词的英文是"prompt"，该词是一个多义词，同时包含"鼓励，提示，提醒（某人说话）；促使；导致；激起；给（演员）提词"的意思。

提示词是用好人工智能软件的关键，正所谓"工欲善其事，必先利其器"，提示词就像征伐沙场的利刃，和人工智能软件沟通，提示词必不可少。

在不同的应用场景中，提示词的形式和内容会有很大的差异。

在文本生成系统中，提示词可以是一段具体的描述、一个问题或一个主题。

在图像生成系统中，提示词可能是一系列描述场景、物体、风格和色彩的词语。

在数据分析系统中，提示词可能是特定的分析请求或数据查询指令。

这些提示词的目的是帮助人工智能系统理解用户的需求，并提供尽可能准确和相关的输出。

我们可以看看人工智能是怎么回答的如图 2-30、图 2-31 所示。

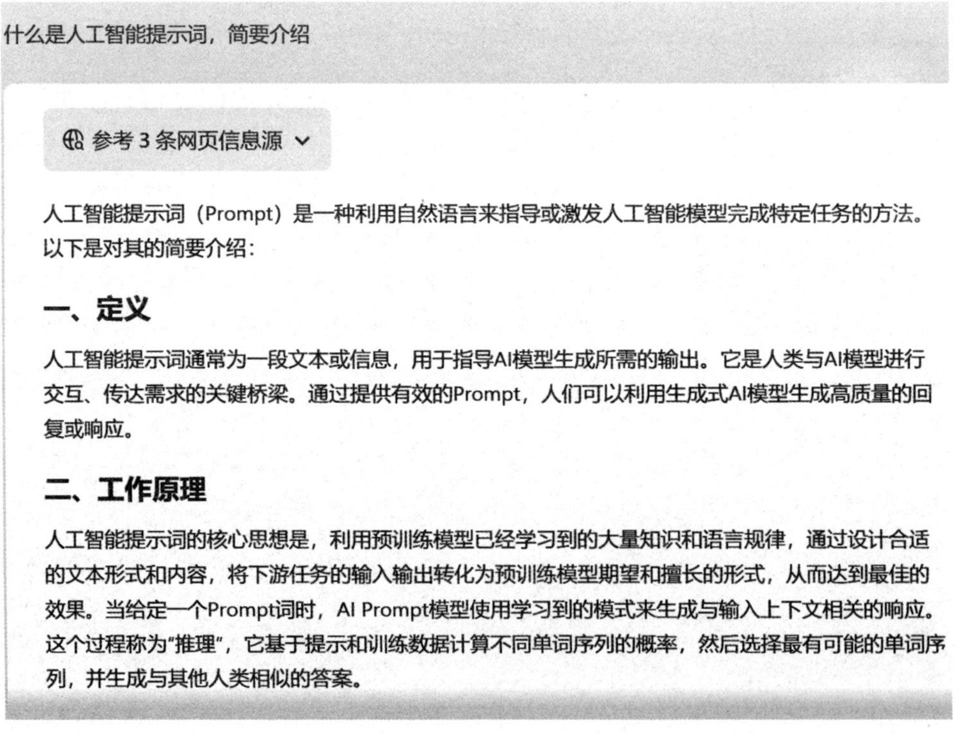

> **什么是人工智能提示词，简要介绍**
>
> 参考 3 条网页信息源
>
> 人工智能提示词（Prompt）是一种利用自然语言来指导或激发人工智能模型完成特定任务的方法。以下是对其的简要介绍：
>
> **一、定义**
>
> 人工智能提示词通常为一段文本或信息，用于指导 AI 模型生成所需的输出。它是人类与 AI 模型进行交互、传达需求的关键桥梁。通过提供有效的 Prompt，人们可以利用生成式 AI 模型生成高质量的回复或响应。
>
> **二、工作原理**
>
> 人工智能提示词的核心思想是，利用预训练模型已经学习到的大量知识和语言规律，通过设计合适的文本形式和内容，将下游任务的输入输出转化为预训练模型期望和擅长的形式，从而达到最佳的效果。当给定一个 Prompt 词时，AI Prompt 模型使用学习到的模式来生成与输入上下文相关的响应。这个过程称为"推理"，它基于提示和训练数据计算不同单词序列的概率，然后选择最有可能的单词序列，并生成与其他人类相似的答案。

图 2-30　AI 对提示词的介绍

巧用人工智能，问题不再棘手

> 人工智能提示词有哪些特点？

> 🌐 参考 4 条网页信息源 ⌄
>
> 人工智能提示词（Prompt）是一种利用自然语言来指导或激发人工智能模型完成特定任务的方法，近年来在自然语言处理（NLP）领域得到了广泛应用。其特点可以归纳为以下几点：
>
> 1. **针对性**：提示词具有明确的创作主题、情感、风格和目标，可以引导AI模型针对性地生成内容。例如，在撰写广告文案时，可以使用"洗发水、护发、滋养"作为主题提示词，使AI模型围绕这些主题展开创作。
> 2. **灵活性**：提示词可以根据实际需求进行调整，以适应不同的创作场景和任务要求。用户可以通过修改提示词来逐步优化AI模型的回应，使其更符合预期。
> 3. **创新性**：提示词能够激发AI模型的创意，使其在内容生成中充分发挥想象力和创造力。通过设计富有创意的提示词，可以引导AI模型产生新颖、独特的输出。
> 4. **实用性**：提示词有助于增强AI模型输出的实际效果，满足用户和受众的需求。通过明确指示AI模型生成特定类型、风格或格式的内容，可以确保输出内容符合实际应用场景的要求。
> 5. **明确性**：提示词需要清晰、准确地表达用户意图，以减少歧义和误解。一个明确的提示词可以帮助AI模型更好地理解任务要求，从而生成更精确、有用的输出。
> 6. **细节丰富性**：在必要时，提示词可以提供背景或细节信息，以帮助AI模型更精准地理解任务。这些细节信息可以包括任务类型、结果性质、上下文信息、具体性要求以及限制条件等。
>
> 然而，设计合适的提示词并不容易，需要有一定的技巧和艺术感。同时，提示词对于AI模型性能的影响很大，一点微小的差别可能导致结果完全不同。因此，在实际应用中，需要不断调试、迭代和优化提示词，以获得最佳效果。

图 2-31　AI 对提示词的特点

通过以上提问，人工智能给出了关于提示词的大致介绍。

2.4.1.2 提示词的特点

人工智能提示词具有一定的特点，这些特点使得它具有很重要的意义，成为我们和人工智能软件沟通的桥梁。

明确性。提示词需要足够明确，以精准的词语，指示人工智能需要执行的任务，避免任何歧义，提高结果的准确度。

详细性。提示词一般并不冗长，但是具备足够的背景信息和描述，能够帮助人工智能软件充分了解任务，结合上下文，做出准确判断。

创造性。在提出艺术类或创造类相关的问题时，提示词要具备一定的创造性。虽然人工智能没有情感，没有创作激情，但是创造性的提示词可以让人工智能的答复多元化，有利于激发提问者的创意思维。

逻辑性。良好的提示词逻辑清晰、缜密，能够让人工智能软件很好地遵从提问者的步骤，领会意图，在复杂的任务中保持逻辑的连贯性和一致性。

相关性。在很多时候，我们无法通过一次提问得出最终结果，总是需要多次提问，而这样的连续发问有可能导致人工智能"忘记"前面的内容，所以有时需要保证上下文的相关性，提示词要起到连接上下文的作用。

2.4.1.3 提示词如何工作

人工智能提示词是一种利用自然语言处理技术来生成相应输出的工具。这些提示词通常被用来引导人工智能模型生成特定的响应，如文本、图片或数据分析结果。AI 模型，尤其是那些基于深度学习的模型，通过对大量文本数据集的学习，理解语言的结构、语义和上下文。

当用户提供一个具体的提示词或问题时，AI 模型会将这个输入与它在训练过程中学习到的数据模式进行匹配。这一过程涉及复杂的算法，这些算法能够计算不同单词序列的概率，并从中选择最有可能构成合理回答的序列。这种方法允许人工智能软件在没有直接人类输入的情况下，独立生成回答或内容。例如，在文本生成应用中，AI 模型会分析提示词并利用先前训练的语言模型来生成文本。这些语言模型是通过分析大规模的文本库构建的，包括新闻文章、书籍和社交媒体帖子等。通过这种方式，AI 模型不仅学习了词汇和语法，还学习了如何根据上下文生成语义上连贯且逻辑上合理的句子。模型的一个关键能力是理解并处理复杂的语义和上下文关系。这意味着即使在面对抽象或多义性的输入时，它也能够提供有意义和相关的输出。深度学习的核心在于其能够解释和处理大量的、高维度的数据，并从中提取有用的信息，这使得 AI 模型在处理自然语言时更高效和精准。

2.4.2 正确使用提示词

使用正确有效的提示词，对于保持提问者和人工智能大模型的顺畅沟通非常重要，尤其在固定格式文本生成、图像生成、表格构建的任务中。

错误示范：帮我撰写一篇关于文创产品的文章。

这种提问方法不够具体、过于笼统，缺乏明确的提示词。这样的请求没有给出明确的文章方向、目标读者、风格要求或其他具体要点。

正确示范如下。

> 问：帮我撰写一篇关于文创产品的文章，受众是追求创新消费的年轻群体，语言风格活泼通俗，内容包含文创产品的特

点与优势，字数控制在 2000 字左右。

答：创意无限：文创产品带来的新潮消费体验

当代年轻人追求的不仅仅是消费商品的实用性，更是其中蕴含的情感、文化与创意价值。在这样一个充满无限可能的时代，文创产品凭借其独特的设计、文化内涵和创新表达，成为年轻群体热衷的消费选择。那么，什么是文创产品？它有哪些独特的优势能够打动追求个性与创意的你呢？

文创产品，全称为文化创意产品，指的是将文化元素与创意设计相结合的产品。文创产品的创作不仅限于某种形式，它可以是一件日常生活用品，也可以是一件艺术品，甚至是一次体验。文创产品通常通过现代设计语言与传统文化相结合，赋予物品新的生命力。无论是故宫的"萌"版猫头鹰，还是具有地方特色的手工艺品，文创产品都在巧妙地将文化内涵与消费需求结合在一起。

1. 文化基因。

文创产品最为突出的特点便是它所承载的文化基因。通过对传统文化元素的现代解读，文创产品赋予了物品全新的意义和价值。比如，将古老的剪纸艺术与现代包装设计结合，或是将中国传统的十二生肖元素融入现代饰品中，这些产品不仅具有实用价值，还让人们在消费的同时感受到文化的魅力。

2. 独特设计。

每件文创产品都是设计师的心血结晶，往往追求创意与个性的结合。相比于大批量生产的普通商品，文创产品在设计上往往更加注重细节和独特性，充满个性化的表达。比如，设计师可能会根据历史人物或故事创作出独一无二的周边产品，这种与众不同的设计感让消费者在拥有它们时，产生与众不同的归属感。

3. 多样形式。

文创产品并不局限于某一种形式，它可以是实物产品，也可以是虚拟体验。比如，博物馆推出的虚拟互动展览，文创品牌推出的限量版盲盒，甚至一场结合文化背景的沉浸式体验，这些都可以被视为文创产品的一部分。多样化的形式不仅迎合了不同消费者的需求，也为消费者提供了多样化的文化体验。

4. 体验感强。

文创产品不仅仅提供物质层面的满足，更强调消费者的参与感与体验感。很多文创产品在被设计过程中，注重与消费者

> 的互动，让用户不仅是产品的使用者，还可以是参与者。比如，一些DIY类的文创产品，如定制手工艺品或绘画套装，让消费者可以亲自动手创作，增加了趣味性。
> ……

我们可以看到正确提问句中包含丰富的提示词，比如"受众""语言风格""特点""优势""字数"等，这些提示词严格限定了人工智能给出的答案。当然即便给出提示词也并不意味着我们能"一步到位"，有时候可能会出现理解偏差，我们还需要对大模型进一步提问，不过只要正确运用提示词，总能得到我们想要的答案。

那么，在提问的时候，我们应该如何正确使用提示词呢？

2.4.2.1 明确问题的核心或关键

在与人工智能交流时，清晰明确地提出问题至关重要。在提出问题之前，花一些时间仔细考虑自己究竟希望解决什么样的问题，以及这个问题的关键点在哪里。我们需要自问，我们想通过这个问题获得什么信息，是寻求一个具体的解决方案，还是需要对某个概念的深入解释。例如，如果你想了解如何提高工作效率，应该思考是需要探讨时间管理技巧，还是寻找具体的工具和方法。

明确问题的核心不仅能帮助缩小讨论的范围，也使得回答更加直接和精准。这种方式减少了因误解或假设而产生的无效交流，使得双方可以有效地利用时间和资源。明确具体的疑问可以帮助人工智能准确地识别和处理请求，从而提供相关和实用的信息。

当准备提问时，尝试将问题具体化，避免过于笼统或模糊的表达。良好的问题应该是清晰且具有指向性的，例如不要问"如何管理团队？"而是应该更具体地问"如何在远程工作环境中有效管理跨国团队？"这样的问题明确了情境和需求，从而使得所获得的答案针对性更强、实际应用价值更高。

2.4.2.2 提供充足的参考信息

在与人工智能交流中，提供足够的参考信息，可以显著提高其对提问者意图的理解度，生成精准和深入的答案。用户在提问时附带具体的背景信息或相关细节，有助于缩减回答的范围，也能避免产生因缺乏信息而引起的误解。例如，如果询问某一教学技术的有效性，提供具体的教学环境、学生年龄段以及预期的教学目标将帮助人工智能准确地评估和推荐相应的技术或策略。因此，当我们使用人工智能技术时，应该尽量提供详尽的背景信息和清晰的问题描述。

错误示范：如何增加收入？

正确示范如下。

问：我是一名在市场营销领域工作了五年的从业者，目前就职于一家 200 余人的企业，担任市场经理的职位。我的年薪约为 20 万人民币，加上年终奖金和福利，年收入大约为 25 万人民币。随着生活成本的上升和个人财务目标的设定，我希望在未来两年内能够显著提高我的收入水平。基于我的个人情况和职业规划，创业是否是一个可行的选择，以我的经验和技能，有哪些领域或项目值得考虑？

答：基于你在市场营销领域的五年经验和当前的职业位置，创业是一个可行的选择，但需要谨慎评估和充分准备。以下是几个你可以考虑的创业领域或项目，结合你的经验和技能，能够最大化地利用你的优势，同时降低创业初期的风险：

1. 数字营销与品牌咨询。

简要介绍：你可以利用自己在市场营销方面的专业知识，开设一家专注于为中小企业提供数字营销和品牌建设服务的咨询公司。随着企业对线上营销和数字转型的需求增加，你的经验可以帮助客户制定有效的市场推广策略，提升品牌影响力。

优势：低投入、高回报的商业模式，能够快速启动并灵活运营。

2. 电子商务平台（B2C）。

简要介绍：你可以创建一个垂直领域的电商平台，结合数字营销技能进行产品推广，吸引消费者。跨境电商也是一个潜力巨大但需要较高运营能力的方向，可以选择有市场需求的消费品进行在线销售。

优势：电商行业门槛较低，市场需求大，且具有灵活性和快速增长的潜力。

3. 内容创作与社交媒体营销。

简要介绍：如果你对内容创作感兴趣，可以考虑创办自己的社交媒体平台（如微信公众号、视频平台等），通过内容生产和品牌合作获取收入。同时，你也可以为企业提供社交媒体营销和内容管理服务。

优势：结合你丰富的营销经验，能够快速吸引目标受众，并通过广告、品牌合作等形式盈利。

....

2.4.2.3 提供大量可靠信息进行改写

人工智能软件可以通过参考文本来获取一些额外的信息，从而更好地回答我们的问题。

当我们向人工智能软件提问时，提供详尽且可靠的信息是非常关键的。这种做法可以极大地提升人工智能的回答质量和相关性。当人工智能接收到充足的背景信息时,它能够有效地理解问题的上下文,从而生成精确和深入的回答。例如,我们在撰写哲学相关内容的时候,可以先把相关哲学资料"喂"给人工智能,让它进行转化,然后输出我们想要的内容。比如下面这个示例。

> 问:孔子建构了完整的"德道"思想体系:在个体层面主张"仁、礼"之德性与德行。德道思想体系是以性善论("一阴一阳之谓道,继之者善也,成之者性也")为基础,以立人极("三极之道")为旨归,以人道与天道、地道相会通,人道中庸又适时之变为方法论的完足思想体系。结合这些内容,介绍孔子的道德思想。人道中庸又适时之变为方法论的完足思想体系。结合这些内容,介绍孔子的道德思想。
>
> 答:孔子的道德思想体系,深深植根于中国传统文化的核心价值观中,展示了一种集伦理道德、哲学智慧与人文关怀为一体的思想深度。孔子的"道德"思想体系,是他哲学思想的重要组成部分,不仅关注个体的道德修养,也强调社会的和谐与秩序。
>
> 1. 性善论的基础。

孔子的道德思想起源于对人性本善的坚信。他认为，人的本性中包含着向善的种子，这是道的表现，即"一阴一阳之谓道"。在这个理论框架下，善被视为人的自然倾向，而性是这些倾向的成熟表现。孔子强调，通过教育和修养，每个人都能够达到其道德潜力的最佳状态。

2. 周敦颐的思想内核。

孔子的"德道"思想体系强调立人极，即塑造理想的人格。他提出了"三极之道"，这可能涵盖了仁、义、礼的完整实践，旨在通过个人修养达到道德的最高境界。在孔子看来，仁是德行的核心，是对他人的深厚关爱；礼则是社会和谐的外在表现，规范了个人与他人的交往方式；义则是行为的正当性，确保了行为的正直与恰当。

......

4. 中庸之道的实践。

中庸之道是孔子思想中的一个重要方面，强调在所有事物中寻找平衡点。孔子认为，道德行为应根据时宜适当调整，这就要求人们在具体实践中，不断地寻求恰当的行为方式，既不过度也不不足。这种灵活而审慎的态度，是孔子道德思想的实践方法论。

通过这一系列的思想框架和实践原则，孔子的"道德"思想体系不仅塑造了个体的道德自我，也促进了社会整体的和谐与秩序。他的教导至今仍对现代社会有着深远的影响，被视为东方文化中人文主义和道德理想的象征。

场景一
智能化人才招聘

人才是推动企业发展的重要部分。优秀的人才既可以为企业带来许多具有创意的新点子，也可以帮助企业塑造良好的品牌形象，所以说招聘优秀的人才，是 HR 乃至每一位企业管理者必须考虑的问题。

如今，各项新兴技术不断兴起，大数据、云计算逐渐成为行业中的重要风向标。以此为契机，人工智能取得迅猛发展。人工智能具有高效、便捷、准确、客观等特点，如果我们能够实现 AI 智能化人才招聘，那么对于企业的发展来说，就是百利而无一害的。

AI 智能化人才招聘融入人才招聘最新的科技手段，改变了传统的招聘方式，使招聘的流程更加科学、快捷和高效。比如，当遇到复杂的人才筛选时，我们可以使用 AI 快速择优选择，提高招聘的准确率。又如，面对海量简历无从下手的时候，我们只需要对 AI 预先设置好招聘标准或门槛，接下来全权交给 AI 负责就行了。讲到这里，你可能会感觉"这也太神奇了，以后岂不是就连企业都不用人来管理了？"其实也不尽然，虽然 AI 能够帮助我们，但是在部分决策方面还是需要人来处理。只不过我们可以利用 AI 尽量避免那些烦琐的事情，实现人才招聘的高效化和便捷化。

3.1 AI 人才招聘公告

撰写人才招聘公告是企业进行人才招聘的第一步，只有撰写、发布招聘公告，明确企业招聘人才的需求，才能吸引更多具有相关知识或技能的优秀人才前来面试。AI 撰写人才招聘公告，能够极大地节约人力，缩短工作时间，使人力资源部门的工作更加轻松。

AI 撰写人才招聘公告，要先表明企业的自身情况，然后表明招聘人才的需求，如学历水平、能力水平等。

> 问：
> 请帮我撰写一个人才招聘公告，以下为本公司的具体信息。
> 本公司为河北省衡水市的一家互联网公司，本公司的宗旨是专注于利用前沿技术解决行业痛点，推动数字化转型，为用户提供高效、智能的解决方案。
> 招聘职位为工程师，要求计算机相关专业本科学历，精通 Java、Python、C++、Go 等至少一种主流编程语言。
> 公司待遇与福利：
> 优质薪资待遇和绩效奖金；
> 完善的培训体系，助力个人技能与职业发展；
> 开放式办公环境，鼓励创新思维和跨界合作；
> 弹性工作制度，关注员工工作与生活平衡；
> 丰富的团建活动，营造积极向上的企业文化氛围。
> 答：
>
> ### 招聘公告
>
> 招贤纳士！加入我们，共创未来！
> 我们是一家位于河北省衡水市的互联网公司，致力运用前沿技术解决行业痛点，推动数字化转型，为用户提供高效、智能的解决方案。我们在寻找充满激情的工程师加入我们的团队，

一起开启技术创新的旅程！

招聘岗位：工程师。

岗位要求：

计算机相关专业本科及以上学历；

精通 Java、Python、C++ 或 Go 中至少一种主流编程语言；

热爱技术，具有良好的问题解决能力和团队合作精神。

我们提供：

竞争力的薪资结构和绩效奖金，以奖励你的辛勤工作和创新成果；

一个完善的培训体系，帮助你在技术和职业道路上不断进步；

开放式办公环境，鼓励创新思维和跨界合作，让每个想法都能被关注；

弹性工作制度，我们重视工作与生活的平衡，支持你的个人需求；

丰富的团队建设活动，让你在轻松愉快的环境中成长，与同事们共建积极向上的企业文化。

加入我们，你会与一群充满活力和创新精神的人才一起工作。我们期待有你的加入，一起打造明天的互联网世界！

应聘方式：

请将您的简历发送至公司邮箱 [×××]，邮件主题请注明

"应聘工程师+姓名+信息来源"。我们将在收到简历后的一周内，通过电话或邮件邀请合适的候选人参加面试。期待您的加入，与我们一起在技术的海洋中乘风破浪，共创辉煌！

在使用 AI 撰写人才招聘公告的时候，要注意在提问中写明企业的相关信息、招聘职位，这样 AI 才能够根据具体的情况，有针对性地生成企业想要的招聘公告。

问：

请帮我结合以下内容，撰写一份招聘公告。本企业为 ×× 科技有限公司，成立于 2018 年，位于中国上海，是一家致力绿色能源解决方案与智能技术融合应用的高科技企业。准备招聘软件工程师。要求企业介绍清晰，招聘要求条理分明。

答：

×× 科技有限公司招聘公告

×× 科技有限公司成立于 2018 年，位于中国上海，是一家致力绿色能源解决方案与智能技术融合应用的高科技企业。本企业的目标是利用创新科技促进社会向更加环保、高效的方向发展。本企业在智能家居、智能交通系统以及可再生能源管理等领域处于行业领先地位。我们正努力构建一个低碳、智能的生活环境，为全球可持续发展做出贡献。

我们的核心价值观：

创新驱动：不断追求技术创新，优化产品与服务。

绿色责任：秉持可持续发展理念，减轻对环境造成的负担。

合作共赢：与合作伙伴携手前进，共创辉煌。

以人为本：关注员工成长，创建和谐的工作环境。

招聘岗位：软件工程师。

岗位职责：

参与软件产品的设计、开发及测试；

与团队成员协作，完成项目的需求分析和技术方案的规划；

定期对现有系统进行维护和升级，保证稳定性和安全性。

任职资格：

拥有计算机科学或相关领域的本科及以上学历；

精通 Java、Python 等至少一种编程语言；

具有优秀的沟通技巧和团队合作意识；

若有云计算或大数据处理的相关经验将被视为加分项。

如果您对上述职位感兴趣，并渴望在一个充满激情和创造力的环境中工作，请将您的简历发送至 hr@×××.com。×× 科技有限公司热切期盼您的加入，让我们携手共进，开启美好未来的新篇章！

3.2 自动筛选求职简历

如今，利用 AI 能够实现自动筛选简历，面对求职者投来的大量简历，企业的人力资源部门无须一个接一个地审核，可以省下大量的时间完成其他更具挑战性或针对性的工作。管理者只需把简历发送给 AI，就可以实现自动筛选了。那么，到底应该怎么操作呢？

首先前期筹备：人力资源部门应根据预招聘岗位的需求，明确筛选简历的标准与条件，无论是投递简历者的受教育经历、获奖状况、工作经验、技术水平，还是兴趣爱好、职业规划等因素，都可以纳入整体的筛选中来。

其次，模型训练：要选用自然语言处理技术解析简历中的文字内容，使用预处理的数据对 AI 进行训练或引导，帮助它学会从各种各样的简历中提取最关键的信息，并且将这些信息和岗位的入职门槛作对比。

再次，正式筛选：当 AI 模型已经训练完成之后，就需要将待筛选的简历传给 AI，让 AI 对这些简历充分识别，解析内容，提取出其中的关键信息，然后与预先设置好的标准参数进行对比，保留符合要求的简历。

最后，后续审核：AI 的操作可以大大提高审核效率，帮助我们筛选出符合要求的应聘者，不过保险起见，还应增加后续审核的步骤。当然，后续审核只针对通过筛选的简历，这既减少了工作量，又保证了一定的准确性。

下面看具体的操作流程：

如图 3-1 所示，在运用 AI 筛选简历的时候，要先把求职者的简历集中保存在相应的文件夹中，这样发送给 AI 的时候更加便利。

创意写作　文档分析　网页分析　智慧绘图　多语种翻译　｜　我的指令

通过shift+回车换行；支持复制粘贴/拖拽上传图片或文件

图 3-1　简历保存在文件夹中上传给 AI

如图 3-2 所示，在与文心一言的聊天框中上传文件，可以将简历传给 AI。

图 3-2　在文心一言中上传简历

点击上传，进入文档上传界面，随后在弹出的页面中找到简历，上传即可。上传完成后，对 AI 进行下面的提问，请它帮助我们分析简历的具体内容。

问：

我发送给你一些面试者的简历，请你分析这些面试者中谁更契合我们的岗位需求。

答：

根据您提供的简历信息和招聘要求（互联网相关专业的本科毕业生，年龄在 22～35 周岁，积极进取，踏实肯干），我们可以进行以下评估：

王××：

年龄：25 周岁，符合年龄要求。

学历：互联网相关专业本科学历，符合专业要求。

性格描述：活泼开朗，积极乐观，这些特质通常与积极进取相关联，但"踏实肯干"这一特质在简历中未直接体现，需要通过面试或其他途径进一步了解。

结论：初步判断王×× 符合大部分要求，但需要进一步了解其是否具备踏实肯干的品质。

刘××：

年龄：38 周岁，超出年龄要求（22～35 周岁）。

学历：汉语言专业硕士学历，不符合互联网相关专业的本科毕业生要求。

性格与爱好：虽然爱好旅游和交友是积极的品质，但与招聘要求不直接相关。

结论：刘×× 不符合招聘要求。

> 张××：
>
> 年龄：23周岁，符合年龄要求。
>
> 学历：动漫设计本科学历，虽然与互联网领域有一定关联，但并非直接相关的互联网专业。然而，考虑到该候选人表达了想在互联网领域突破自己的愿望，且年龄和态度符合招聘要求，这可能是一个可以进一步考虑的候选人。
>
> 性格与爱好：爱好广泛是一个积极的特质，表明该候选人可能具备较好的学习能力和适应能力。
>
> 结论：张××虽然不是直接相关的互联网专业，但其年龄、态度和愿望符合招聘要求，可以作为进一步考虑的候选人。

从 AI 的回答能够看出，AI 可以明确理解我们预先设定的招聘标准和门槛，之后它所做出的评判活动也以此为依据。所以，在准确性上面，我们不需要对 AI 筛选简历有太多担心。

比如，刘×× 年龄超过标准，这一硬性指标已经不满足，直接就被 AI 识别，而张×× 并不完全符合招聘要求，但是 AI 经过分析测算，认为张×× 可能具有一定的发展潜力，所以并没有直接将其淘汰。接下来可以运用 AI 给王×× 发送 offer。

> 问：
>
> 王×× 通过了笔试和面试，请为他制作 offer，邀请他于下周一上午 8 点 30 分到公司人力资源部办理入职（上班需要穿

正装)。

答:

衡水市××互联网公司入职通知书

亲爱的张××:

根据我们在面试时的协定,现聘请您为[具体职位名称]。以下是您职位的详细描述,并将在您正式接受委任时生效。

职位:工程师。

薪金:税前8000元/月,您的工资结构由基本工资、岗位工资和绩效工资构成。公司将根据您每月的业绩考评情况核发绩效工资,并按照相关法律规定代扣个人所得税。

请您在入职前到医院进行健康检查,顺利通过后,请于入职当日携带以下资料至人力资源部报到:

1. 身份证原件;

2. 2张一寸免冠照;

3. 前公司退工单;

4. 学历、学位证书原件;

5. 其他相关证书(如有,请提供)。

请阅读以上条款,如无异议,请您于××年××月××日之前签署后回传。入职前,如有任何问题,请随时向人力资源部提出。

我们真诚欢迎您的加入,并期待您为公司带来新的活力和创意。

祝好!

3.3 AI 考试题目

利用 AI 软件生成考试题目，进行求职者的测试，已成为越来越多公司招聘过程中常见的做法。AI 可以通过分析职位需求和求职者的背景提供精准的考题，有助于管理者更高效、更准确地评估求职者的能力和潜力。例如，AI 可以根据岗位要求、行业特点及求职者的简历、面试表现等信息，生成定制化的考试题目，并根据职位所需的技能（如编程、财务分析、市场营销等）自动生成相关的知识性、案例分析性、情景模拟类等题目。AI 不仅可以帮助管理者生成考试题目，还能在求职者作答后自动进行评分与分析。例如，AI 可以评估求职者的作答思路、语言表达能力、逻辑推理能力等，从而为管理者提供更全面的能力评估报告。

问：

假设我们是一家信息技术公司，请你扮演 HR，针对具体的岗位要求，设计一份岗位招聘的笔试题目。作答时长 30 分钟以内即可。

答：

卷面总分为 50 分，选择题 10 分，判断题 10 分，简述题 30 分，考试时长为 30 分钟。

一、选择题（每题 5 分，共 10 分）

问题 1：在 Java 中，哪个关键字用于从父类继承属性和方法？

A. extends

B. super

C. this

D. implements

问题 2：在 MVC 架构模式中，哪个组件负责处理数据逻辑？

A. Model

B. View

C. Controller

D. Service

二、判断题（每题 5 分，共 10 分）

问题 3：在多数编程语言中，数组的索引通常从 1 开始。（对 / 错）

问题 4："=="操作符在 Java 中可以用来比较两个字符串的内容。（对 / 错）

三、简述题（每题 15 分，共 30 分）

问题 5：简要描述什么是 RESTful API，并举例说明如何在网络应用中使用它。

问题 6：解释异常处理在软件开发中的重要性，并举例说明如何在 Python 中使用 try-except 语句处理异常。

如果我们对这套试卷不太满意，可以请 AI 重新出一套。

问：

我对这套试卷不太满意，请重新出一套。

答：

好的，这里是一套新的试卷设计，依然分为选择题、判断题和简述题三部分，总分 50 分，考试时长 30 分钟。

试卷结构：

卷面总分为 50 分，选择题 10 分，判断题 10 分，简述题 30 分，考试时长为 30 分钟。

一、选择题（每题 5 分，共 10 分）

问题 1：在 Java 中，用于创建接口实现的关键字是什么？

A. extends

B. super

C. implements

D. instanceof

问题 2：在软件开发中，用于指示一个类不能被实例化的 Java 关键字是什么？

A. final

B. static

C. abstract

D. strictfp

二、判断题（每题 5 分，共 10 分）

问题 3：在 Python 中，`is` 操作符可用于检查两个变量是否指向同一对象。（对 / 错）

问题 4：HTML 是一种编程语言，可用于创建和控制动态网站内容。（对 / 错）

三、简述题（每题 15 分，共 30 分）

问题 5：详细描述 MVC（模型 - 视图 - 控制器）架构模式，并解释各组件在 Web 开发中的作用。

问题 6：解释什么是面向对象编程 (OOP)，并讨论其三个主要特性（封装、继承、多态）如何影响软件开发。

当应聘者完成笔试题目时，企业人力资源部门可以把题目的标准答案发给 AI，交由 AI 评分。

综上所述，企业管理者在利用 AI 生成题目时需注意以下事项，以确保生成的考试题目既符合岗位要求，又能够有效地评估求职者的能力。第一，AI 生成的题目应与职位需求相匹配且紧密相关，因为不同职位对知识和技能的要求差异很大，题目需要根据岗位的核心技能、所需经验和工作内容量身定制。如果是技术岗位，题目可能需要涵盖编程、算法设计、系统架构等专业领域；如果是管理岗位，题目则应侧重于对领导力、决策能力、沟通技巧等方面的评估。第二，管理者应明确岗位要求，在让 AI 生成题目为其提供足够的上下文信息，让 AI 能够理解职位所需的核心能力。题目的难度要与岗位要求相符，过于简单的题目可能无法有效区分求职者的能力，而过于复杂的题目又可能使求职者感到挫败，影响他们的发挥。管理者需要根据职位的实际要求和求职者的经验水平，确保题目的难度适中，既能测试求职者的基础能力，又能够考察他们在压力下的表现和解决问题的能力。第三，尽管 AI 可以自动生成题目，但也要有一些人工审核的环节存在。管理者应该仔细检查 AI 生成的题目，确保内容准确无误，且能够清晰地传达考察的意图。某些复杂的问题可能存在模糊或歧义的表达，AI 可能无法识别这些问题，而人为审核能够确保题目的准确性，并避免潜在的理解差异。

场景二
岗前 AI 训练营

岗前培训也就是新职工培训，是指对新员工进行的导向性培训，岗前培训做得好，员工和企业是互利共赢的。

4.1　岗前培训，互利共赢

通过岗前培训，员工能清楚自己在企业中的职业定位，充分了解企业文化，快速实现从"社会人"到"职场人"身份的转变，减轻步入新环境的内心压力。

对于企业来说，员工能及时调整心态，强化对于企业的归属感，尽早正常开展工作，为企业创造效益，这显然也是企业管理者最希望看到的，所以岗前培训非常重要。

可能少数的管理者会有这样的疑虑："我开展岗前培训，最起码几天内没办法让员工正常上岗，还要支付相关的开销，比如，聘请培训师的费用，这也是一笔不小的开支啊。"

事实上，磨刀不误砍柴工，虽然短期内新员工没办法直接上岗，但是从长远来看，岗前培训利大于弊，如果没有提前的系统培训，员工在工作中"步步踩坑"，不仅会让他们失去工作的热情，甚至会让企业蒙受损失，到时候只能是追悔莫及了。

岗前培训一般包括企业培训和部门培训两种类别，这两种培训是需要员工全部参加的。企业培训往往由人力资源部门牵头指挥，组织学习，部门培训则由部门管理者带队学习（如表4-1所示）。

表 4-1 企业岗前培训内容设计

企业培训	企业概况	企业目前在行业中的发展情况，未来的发展方向，企业文化，企业的薪资待遇、福利待遇等
	员工守则	企业的规章制度、奖惩条例，员工的行为规范等
	财务制度	报销流程，各类手续的办理流程，以及相关注意事项等
部门培训	部门概况	员工所处具体部门的基本情况
	岗位要求	员工岗位的具体职责，员工应该具备的基本素养和业务能力等
	职业发展	员工在企业中的晋升通道，以及在未来市场竞争中的优势等

4.2 智能化岗前培训

目前随着 AI 技术的快速发展，AI 岗前培训步入人们的视野，AI 可以让曾经复杂烦琐的企业岗前培训变得轻而易举。企业 HR 不用再费尽心思制订培训计划，企业老员工也不用担心为了给新员工培训而耽误自己手头的工作，在人工智能的协作下，岗前培训更加轻松。

现在人工智能所能做的事情超乎你的想象，它改变和发展的速度比我们想象得快，这已经成为一股时代的浪潮。利用 AI 制订岗前培训计划，可以释放企业管理者的工作压力，让他们腾出更多的时间完善和优化企业各项决策。

AI 虚拟教练：

现代科技的飞速发展，让我们有机会采用更智能、更高效的方法来优化培训流程。AI 虚拟教练将为岗前培训带来全新的变革。下面我们就来详细看看，AI 虚拟教练如何在岗前培训中发挥作用。

AI 虚拟教练可以结合数据分析、机器学习和自然语言处理等先进技术，为每位员工量身定制个性化的培训计划，精准满足员工的岗位需求。AI 虚拟教练的特别之处在这里总结为五点：个性化培训、实时反馈与调整、数据驱动的决策、持续学习与改进、成本效益高。

AI 培训结果智能分析：

AI 能够对新员工在岗前培训中的表现进行智能分析，并预测其未来发展潜能。想象一下，AI 就像一位经验丰富、无所不知的导师，它能够通过对大量数据的快速分析，提供对新员工未来发展的深刻见解。那么，AI 究竟是如何工作的呢？比如，企业的人力资源部门可以利用 AI 在岗前培训期间收集新员工的各种数据。可以这样理解：每一位新员工的每一项活动和表现，都被一一记录下来，就像在制作一份详细的个人档案。数据搜集完毕后，AI 将生成详细的报告。报告包含对每位新员工当前表现的评价，还会对他们未来的潜能进行预测。比如，某位新员工在培训过程中，技术技能上的表现非常突出，AI 会预测他可能在技术研发部门具有更广阔的发展前景。

场景三
销售推广大师

5.1 打造 AI 超级销售

如果说 2023 年是人工智能大模型元年，那么 2024 年就是人工智能和各领域深入结合元年，可以预见人工智能正在以迅雷不及掩耳之势涌向市场。谁能够充分接受 AI，掌握 AI，就能在未来的市场变幻中掌握主动权。

5.1.1 AI 营销日渐火热

不出所料，人工智能和市场营销已经有了明显结合的势头，AI 营销崭露头角。

人工智能正在推动企业不断产生新的营销想法，奇思妙想不断涌现。2024 年 6 月，2024 AI 传鉴国际创意节在北京隆重举行，40 余位品牌方、媒体方与代理方代表围绕"鉴势新动力"年度主题进行现场演讲与分享，其中有 1/3 的演讲主题都和"AI"有关，而且问题多数聚焦在 AI 营销上面。可见，AI 已经实质性地渗透到了企业的实际运营中，并取得了显著的成效 -- 企业纷纷通过人工智能技术强化自身市场营销策略，优化资源配置，从而更加精准地接触和挖掘潜在客户。

随着消费者行为逐渐多样化，个性化营销的重要性显现。传统的营销方式往往是"一刀切"的策略，很难精准捕捉不同个体的需求和偏好。AI 通过实时搜集分析用户数据，能够深度挖掘用户的兴趣点。通过预测分析，品牌能够在合适的时间、合适的地点，以精准的信息进行有效触达，极大提升了消费者的满意度。举个例子，电商平台利用 AI 分析用户的浏览和购买历史，就能在用户再次访问平台时，自动推荐其可能感兴趣的商品。这种基于行为数据的推荐系统，已经显著提升了用户的购物转化率。

相比于传统的市场营销模式，AI 营销在技术突破的加成下，有了更多的优势，那么究竟什么是 AI 营销，它就只是"用人工智能来营销"这么简单吗？对此，《2022 AI 营销白皮书》对于 AI 营销做出了准确的定义："AI 营销即应用 AI 技术，对数字营销的全链路进行智能化升级，提升营销的效率和效果，创造新的消费者交互场景体验，发现和创造消费需求、不断满足消费者的个性化需求的营销模式。"

AI 能够对人们提供的信息进行综合判断，分析资料，全面统筹，在资料中发现问题、解决问题。AI 能够快速通过数据来判断消费群体的特征，为企业管理者提出可供参考的具体方案。

AI 营销最大的特点就在于它可以快速实现智能洞察、智能投放、智能经营，解放工作人员的双手，释放劳动时间，实现企业减本增效。更重要的是，通过大数据推算所得到的结论往往更加可靠，而且排除了一些人为主观因素。

5.1.2 手把手教你 AI 营销

既然 AI 营销有这么大的优势，那么 AI 能够帮助企业做些什么，又通过什么渠道呢？

5.1.2.1 潜在客户数据分析

人工智能技术能够给企业管理带来的好处，尤其是在处理潜在客户数据方面，答案可能会出乎意料。人工智能通过极其精密的算法，对海量数据快速分析，精准分类，可以为企业管理者提供具有深度的市场分析报告，让企业快速做出明智的决策，抢占先机。比如，传统的数据分析依赖于人力，不仅耗时还容易出错。而 AI 则能够精准地处理大量数据，将潜在客户一一筛选出来，找出最有可能购买的群体。以客户关系管理（customer relationship management，CRM）系统为例，该系统主要的功能就是通过各项集成式的智能化手段，来分析客户信息，转变企业营销策略，以提高客户的满意度和消费转化率。让 CRM 系统与 AI 深入结合，就能够实现客户信息管理、市场营销管理、数据分析的智能化，省去大量的人力成本。这样一来，无论是分析客户数据，生成年度报告，还是做出全新的销售部署，都变得游刃有余。

5.1.2.2 营销内容快速生成

人工智能不是一个冰冷的技术名词，它就像是企业的"超级助手"，尤其在营销领域。想象一下，如果你是某企业的一位市场营销经理，每天都需要带领自己的团队创作大量的营销推广文案，繁重的工作会压得自己喘不过气，而有了 AI 的帮助，这一切变得轻松愉快了。

AI 通过学习大量的营销内容，能够理解哪些元素吸引用户，基于这些学习，它可以快速生成各类文案，准确把握语言风格，精准对标不同的群体。比如，向年轻消费者展示的广告更具有活力性和趣味性，而针对中老年消费者的营销内容，则要更沉稳一些、整体的节奏要更慢一点。

更重要的是，AI 具有极其强大的成本优势，运用 AI 生成营销内容，所耗费的时间成本几乎可以忽略不计，传统的内容创作需要人类花费数小时乃至数日来完成，但 AI 可以在几分钟内完成同样的任务。这意味着营销团队可以将更多的精力和资源投入策略规划和创意思考中，而不是日复一日地撰写和修改文案。接下来让我们尝试通过与 AI 的简单对话来实现一则营销内容的创作。

> 问：
> 假设我是北京市某品牌汽车 4S 店经理，店内各型号汽车的指导售价普遍集中在 8 万至 15 万元，9 月 25 至 30 日，我想要进行汽车冲量促销，请帮我准备三重特惠，帮我撰写营销内容，进行产品推广。
>
> 答：
> 北京×××品牌汽车 4S 店超值金秋购车节火热进行中！
> 亲爱的朋友们：
> 秋高气爽，北京×××品牌 4S 店特别推出年度超值购车节，为您提供前所未有的购车优惠。从 9 月 25 至 30 日，只要六天，错过不再有！
> 三重超值特惠等您来享：

> 特惠一：选定车型限时直降，享受高达 2 万元的巨额优惠！心动不如行动，抢先预订，抢先享受！
>
> 特惠二：行动迅速的前 50 名订车客户，将获得一份价值 5000 元的豪华汽车装饰礼包。
>
> 特惠三：推荐有礼！成功推荐朋友购车，即可获赠 1000 元加油卡，推荐越多，赠品越多，无上限！
>
> 作为北京地区知名的 ××× 品牌授权经销商，我们承诺为每一位顾客提供专业的服务和最优惠的价格。赶快来店咨询、体验，不要让这个完美的购车机会溜走！
>
> 来店时间：9 月 25 至 30 日。
>
> 地址：北京市 ×× 区 ×× 街 ×× 号。
>
> 联系电话：123-456-789。
>
> 官方网站：www.×××.com。
>
> 期待您的到来，享受非凡的购车体验！

就目前的社会消费习惯来看，微信朋友圈营销也是热门，我们身边越来越多的朋友通过朋友圈寻觅好物，借此机会，撰写编辑朋友圈文案，做好朋友圈推广，也是企业进行市场营销的有效渠道之一。在利用朋友圈营销的时候，可以向 AI 寻求帮助（我们接着上面的对话继续让 AI 撰写朋友圈营销文案）。

问:

根据上文汽车活动,帮我撰写朋友圈文案。

答:

✨✨金秋购车季 | 超值来袭🚗🍁✨🚗🍁✨

亲爱的朋友们,北京×××品牌4S店金秋大促来了!今年的秋天,不仅是收获的季节,更是购车的最佳时机!来看看这些超值优惠吧。💨💨💨💨💨

📢 📢特惠一:指定车型直降2万元!🎉这次不买,更待何时?机会难得,错过等一年!

📢 📢特惠二:前50位下单的客户,还将获得品牌限量豪华车模(价值5000元)!超豪华礼包等你来拿,给你的爱车更多独特风采!

📢 📢特惠三:🎁介绍朋友来购车,成功介绍一位就送1000元加油卡!油卡赠品不限量,人人有礼,快带上朋友一起来吧!

📅 📅活动时间:仅限9月25至30日,错过就真的要等到明年啦!🏃🏃🏃

🔑活动地点:北京×××品牌4S店。

📞联系电话:[×××]

> 🍁🍁多重好礼、超值优惠，就在这个金秋，快和朋友们一起来抢购你心仪的车型吧！分享给更多小伙伴，一起享受金秋购车狂欢！🎆🎆🎆🎆🎆🎆

5.1.2.3 智能聊天机器人

在人工智能技术的基础上，智能聊天机器人即数字机器人席卷各大平台，可以说智能聊天机器人对于许多领域都产生了非常广泛的影响，促使企业市场营销发生转型。

智能聊天机器人本身就是一种模拟人类对话的软件，虽然它并不具备人类的思维和情感，但是通过对海量对话进行分析，构建对话模型，能够做到即时响应，即所谓的"365/24/7"，不间断运行，而这显然是传统的人工客服无法做到的。我们可能在购物的时候都经历过这种情况，找客服问问题的时候，要等很久，或者客服不够专业，导致我们没办法及时解决问题，影响心情。对于企业来说，客户满意度的下降是非常致命的，很可能因为客服没有及时回复消息，失去销售良机，影响利润。所以说，智能聊天机器人正在重塑消费者和企业之间的关系，对于协调双方，完善沟通具有重要意义。

问：

我的企业专门售卖跑步机，有一家网上店铺，为我的网上店铺智能机器人生成问答话术，要求礼貌、专业，适当幽默。

答：

为您的在线跑步机销售店铺设计一个智能机器人的问答话术，以下是一些示例：

1. 用户询问产品特点。

用户：这款跑步机有什么特别之处？

智能机器人：这款跑步机配备了最先进的静音技术，即使在家中使用也不会打扰到家人。此外，它还具有智能心率监测功能，能够根据您的运动强度自动调节速度。跑步机不只是跑步，更是智能的健康管理者哦！

2. 用户咨询价格。

用户：这款跑步机多少钱？

智能机器人：这款顶级跑步机目前促销价只需 3999 元！高科技不一定高价格，赶快把健康带回家吧！

3. 用户询问售后服务。

用户：购买跑步机后，如果有问题该怎么办？

智能机器人：您在使用过程中遇到任何问题，随时可以联系我们的客服团队，我们会尽快为您解决问题。我们的跑步机，让您跑得安心，用得放心！

5.1.2.4 企划案设计

企划案也叫企划书，根据企业的具体情况，以及发展预期的差异，也有所不同，我们一般根据八个要素（5w2h1e）撰写企划案具体如下：

what(什么)-- 企划的目的、内容。

who(谁)-- 企划相关人员。

where(何处)-- 企划实施场所。

when(何时)-- 企划的时间。

why(为什么)-- 企划缘由、前景。

how(如何)-- 企划的方法和运转实施。

how much(多少)-- 企划预算。

effect(效果)-- 预测企划结果、效果。

AI 能够帮助企业快速完成营销企划案设计。当我们正在对着空白的文档或电脑屏幕一筹莫展之际，利用 AI，我们只需要输入海量资料，它就能够直接生成我们想要的结果，让营销企划案瞬间"活"起来。

因各个企业具体情况不同，在此我们仅简要列举信息，企业在具体的实践中，提问要更加细化。

问：

请帮我撰写企划案，名称是《北京市朝阳区××服饰销售公司2024年7月18日市场发展企划案》，企划者张经理，企划目标是减本增效，企划资金预算是100万元。

答：

北京市朝阳区××服饰销售公司2024年7月18日

市场发展企划案

企划者：张经理。

日期：2024年7月18日。

一、企划背景

随着北京市朝阳区经济的快速发展和消费者消费能力的提升，服饰市场呈现出巨大的发展潜力。××服饰销售公司作为本区域内专注于服饰的领先企业，面临着激烈的市场竞争和不断变化的消费需求。为进一步巩固市场地位，提升市场竞争力，公司决定启动此次市场发展企划，旨在通过减本增效，实现可持续发展。

二、企划目标

本次企划的核心目标是"减本增效"，通过以下几个具体目标实现：

1. 优化供应链管理，降低采购成本。

2. 提高生产效率，减少库存积压，提升库存周转率。

3. 调整营销策略，提高广告投入的转化率，增加销售额。

4. 引入先进的销售技术和管理系统，提升整体运营效率。

三、企划资金预算

本次企划的总预算为 100 万元人民币。

四、企划实施步骤

1. 供应链管理优化。

　　评估当前供应商性价比，寻找更具成本效益的供应商。

　　升级采购系统，引入自动化和智能化采购功能。

2. 生产效率提升。

　　审查当前生产流程，消除浪费点。

　　引入精益生产技术，提高生产线的自动化水平。

3. 营销策略加强。

　　分析市场趋势和消费者行为，制订针对性强的营销计划。

　　加大对数字营销的投入力度，优化社交媒体平台的使用。

4. 技术与系统升级。

　　引入先进的销售和库存管理系统。

　　对员工进行系统操作和维护的培训。

五、预期成效

　…………

在我们的提问下，AI 给出了较为全面的回答，企划案分条明晰，具有一定的参考价值。不过如果我们对它所提出的实施步骤不满意，仍然可以进一步提问，看看能不能有新的发现。

（接上）

问：

我对你所提出的企划实施步骤不太满意，请多出一些（只出企划实施步骤即可）。

答：

四．企划实施步骤（修订版）

1. 供应链与采购优化。

　　进行供应商的全面审查与评估，定期重新竞标以保证最优成本。

引入集中采购系统，通过大宗采购降低单位成本。

增强与供应商的合作关系，探索长期合作协议以获取更低价格。

2. 生产流程再造。

引入自动化设备，减少人力成本，提高生产效率。

实施全面质量管理（TQM），减少废品率，提升产品质量。

优化生产排程,减少机器空转和生产延误。

3. 销售与市场拓展。

利用数据分析预测市场趋势和消费者偏好,定制营销策略。

扩展电子商务平台的功能,提升用户在线购物的体验。

开展联合营销活动,与其他品牌或公司合作推广产品。

4. CRM 系统升级。

引入先进的 CRM 系统,以更好地跟踪客户数据和购买行为。

通过 CRM 系统提升客户服务水平,包括售后支持和定制化服务。

利用 CRM 系统进行客户满意度调查,及时调整产品和服务。

5. 内部管理与员工培训。

加强内部管理流程,确保信息流通和决策效率。

实施员工技能培训和职业发展计划,提升员工的工作效率和满意度。

促进团队合作,鼓励跨部门合作项目,以促进创新和效率。

6. 成本控制和财务监督。

实行严格的成本审核流程,确保每一笔支出都能带来价值。

采用先进的财务分析工具,实时监控财务状况,预防预算超支。

　　定期进行成本效益分析，调整成本高、效益低的业务部分。

通过引导问答，AI 为我们提供了一个基本符合要求的企划案，企划案的内容翔实，从企业内部到面向市场，为我们提供了值得参考的营销灵感。

5.2　AI 做短视频矩阵

矩阵本来是一个数学学科中的名词，指的是各种数字、方程式组成的方阵。如今"矩阵"一词被新媒体领域"借鉴"过来，所谓短视频矩阵，说的就是人们在短视频平台成立的多元引流、账号帮扶的推广形式。

5.2.1　认识短视频矩阵

伴随信息技术快速发展，短视频已经实现了从"登场"到"称王"的华丽转身。在十年前，短视频才刚刚步入人们的视野，经过近些年的快速发展，短视频凭借碎片化、个性化、多元化、娱乐化的特点，占据了网络视频内容的"半壁江山"。

第53次《中国互联网络发展状况统计报告》显示：截至2023年12月，我国网络视频用户规模为10.67亿人，较2022年12月增长3613万人，占网民整体的97.7%。其中，短视频用户规模为10.53亿人，较2022年12月增长4145万人，占网民整体的96.4%。

短视频已经成为受大众欢迎的内容形式之一，这对于企业来说，是不容错过的重大机遇。利用短视频平台强大的用户基数的优势，来营销推广产品，将在未来产生更大的影响力。

短视频用户这么多，如果一家企业在多个短视频平台开通账号，并且在每一个短视频平台都注册多个账号，还把这些账号互相关联起来，互推导流，这产生的引流价值超出我们的想象，这就是短视频矩阵的魅力所在。

建立短视频矩阵，可以实现多平台和多账号的资源共建共享，统筹整合。

短视频矩阵最大的优势就在于降低成本、提高收益、降低风险、垂直细分。一个平台上的一个账号影响力有限，如果在十个平台各注册十个账号，所形成的影响力巨大。而且短视频矩阵形式下的账号数量很多，即使某一个账号出现了问题，其他账号也能快速替补，对于总体的粉丝数量影响不大。短视频矩阵还能做好垂直细分管理，举例来说，一个关于旅游的短视频账号能垂直细分出大量"子账号"，包括"西安旅游""成都旅游""南京旅游""北京旅游""上海旅游""重庆旅游"等，在细分的基础上，我们还可以根据粉丝情况、内容属性进一步细分，让矩阵中的每一个短视频账号都有更多的粉丝量。

在信息时代，短视频矩阵对企业营销非常重要，企业通过短视频矩阵的强大引流能力，可以吸引更多人关注自己的品牌。这些短视频能帮助企业快速抓住顾客的眼球，让他们了解和记住品牌。企业可以通过这些短视频迅速回应市场上的新趋势和顾客需求，保持竞争优势。企业建立短视频矩阵能有效节省广告费用，还能通过分析观众的喜好来不断改进推广策略。简单来说，短视频矩阵帮助企业以低成本获得高效益，同时建立和顾客之间的良好关系。

5.2.2 构建 AI 短视频矩阵宝典

经过上面的介绍，想必我们对于短视频矩阵都已经有了一定的了解，如果没有短视频领域的工作经验，不知道从哪里着手，又想快速打造短视频矩阵，我们就可以借助 AI 的力量来实现。

问:

我是山东省济南市槐荫区××酒厂的市场部经理张××,本厂最近刚刚推出了一款新产品--42°浓香型白酒,我想要在多个短视频平台进行产品推广,请告诉我,我的短视频矩阵应该怎么建立呢?

答:

对于在多个短视频平台上推广42°浓香型白酒,您可以通过以下步骤构建有效的短视频矩阵。

明确目标受众:

确定目标消费者的年龄、地域、兴趣等特征。例如,是否针对酒类爱好者,或者是寻求高品质生活方式的中青年。

…………

跨平台推广:

在一个平台上获得的成功视频可以适当调整后,分享到其他平台。

考虑与其他流量大的账号合作,进行互推。

监测与分析:

定期检查各平台的数据,如观看次数、转发量、互动率等。

分析数据后,调整推广策略和内容创作,以最大化投资回报率。

对 AI 提问后，它给我们提出打造短视频矩阵的基本思路和大纲，但是这些内容仍然是比较浅显的，这时候我们只需要针对自己想要深入了解的问题，进一步提问，就可以得到更细化的答案。

（接上）

问：

请帮我设计一个短视频拍摄方案（全面一些），来推广我的产品，短视频要求在有趣的同时还能引发用户的共鸣。

答：

1. 视频概念：白酒的一天。

目标：通过描绘白酒在不同日常场景中的应用，展示其多样性和文化价值，吸引不同背景的。

2. 故事线。

早晨（清新开场）：一位中年男士在早晨起床后，为自己倒一小杯白酒，享受宁静的清晨时光。

中午（社交元素）：几位朋友围坐一桌，共享午餐。其中一人提议点一瓶 42°浓香型白酒，众人共饮，拉近关系。

晚上（情感共鸣）：家庭聚会场景，成员边吃晚餐边畅谈，共同分享一瓶白酒，强调家庭和睦与文化传承。

3. 视频风格与元素。

…………

4. 特效与编辑。

……………

5. 互动设计。

互动提问：视频末尾，提出问题促使观众讨论，如"你最喜欢在什么场合享用白酒"。

话题标签：使用热门话题标签，如白酒文化、美食搭配，增加曝光率。

6. 发布计划。

首发时间：选择用户活跃度高的时间段，如周末晚上。

频率：每周更新至少一次，围绕不同主题展开，如"节日庆典"或"白酒与美食"。

经过这次提问，AI 所给出的答案更系统、更细致了，如 AI 为我们提供了标签。标签的好处包括能够强化引流效果，帮助我们推广产品。

5.3　AI 打造高转化朋友圈

在当今的销售环境中，利用 AI 可以极大地增强提升销售和推广工作的效率与效果。这主要是因为 AI 可以帮助销售人员更加精准地定位目标受众、优化内容生成和判断发布时机，以及自动化处理日常的互动和跟踪工作。

5.3.1　生成优质文案内容

朋友圈的核心在于文案内容，优质的文案内容是吸引人关注、增加产品曝光度的核心，高效利用 AI，让它帮助我们快速生成优质文案内容是非常重要的。AI 的自然语言生成技术可以在很的时间内综合分析案例，创建符合我们要求的内容。

> 问：
> 我准备发布一则朋友圈，请帮我撰写朋友圈文案，参考内容如下：
> 我公司最新出品的唇膏为 A3，特点是上色容易，质地柔软，效果自然。
> 要求用语通俗易懂，具有趣味性，引人关注。
> 答：
> 🖋新品发布📢告诉大家 / 看过来！我们倾心打造的 A3 唇膏

来了！

　　👄色彩自然的自信从这里开始。👄上色快，不卡纹！我们的质地超级柔滑！💅

　　💅想要？那就尽快下单吧！

　　💅想要自信？A3要自然、妆感要高级，快来把属于你的那款色号带回家吧！💃💃

　　快去选试A3唇会发光！#新品发布 #自然而然的美⭐

💄⭐💄

可以看出，我们利用AI生成的朋友圈文案内容基本满足我们的需求，语言风格比较轻松幽默，表情符号使用恰到好处。当然也有一些需要改进的地方，比如，文案的内容显得有点简单，内容不够丰富等。不过这些内容我们仍然可以通过继续和AI对话来进行完善。

问：请让这个眉笔的宣传文案更加丰富，可信。加入一些采访内容，增加真实度。

答：

✏发现自然的魔力，用A3唇笔轻松塑造你的美！⭐

亲爱的朋友们，告诉别人你有秘密武器啦！唇膏的冒险从这里开始！🌊我们全新推出的 A3 唇膏，专为追求自然又精致的美而设计，快来了解一下吧～💄💄💄

✏️为什么选择 A3 唇膏？

💋上色自然：忘掉那些厚重、不自然的唇膏吧！🎨A3 的质地轻盈柔和，只需一次涂抹，色彩自然融入，宛若天生美唇。✏️

💋柔软如初吻：采用柔软的高级配方，🖤让你的唇部享受极致的舒适体验——轻轻一抹，立刻展现出你的高级感，温柔呵护双唇。😊🍃

💋持久不脱色：无论是上班还是外出游玩，🏃👗再也不用担心补妆烦恼啦！我们特别的持久配方，保证你的唇妆从早到晚都闪闪动人。💋⭐

🗣️来听听我们的忠实客户怎么说：

💄李小姐："自从用了这款唇膏，我的妆容变得更加自然✏️，色彩也超级适合日常使用！⭐完全推荐给我的闺蜜们！"

💄王女士："太棒了！💋A3 唇膏让我一整天不需要补妆，轻松自然，完全符合我的美唇标准！🌷"

赶紧行动吧！💄不要错过这个让你拥有完美唇妆的机会！点击💄链接了解更多详情～⭐✏️

> [🛒购买链接]
> #美妆神器 #新品推荐 #自然唇妆 #唇妆时尚 #自信美唇 #分享美丽💋💋

这样一来，朋友圈的文案内容就更加丰富完善了。

5.3.2 分析判断最佳发布时间

在今天的数字营销领域，人们可以利用人工智能软件分析并确定朋友圈推广文案的最佳发布时间，从而大大提升朋友圈营销成果。AI 通过收集和分析大量关于用户行为的数据来执行这一任务。这些数据包括用户的活跃时间、互动习惯和历史反应等，通过社交媒体平台的内建分析工具获得。AI 可以实时监控用户行为的变化，确保推荐的发布时间始终是最优的。智能化的发布时间分析为人们节省了大量的时间，提高了社交媒体策略的整体回报率。

除了确定最佳发布时间，人工智能还可以通过数据挖掘和分析，提供个性化的内容推荐，使推广文案更加贴合朋友圈用户群体的喜好和需求。AI 能够识别出用户在阅览、点赞、分享和评论等各类互动中的微妙差异，从而为营销人员提供更为细致的建议。通过这种精准的用户画像构建，营销策略得以更加精确，广告投放的效果也显著提升。最终，这种高度智能化的营销方式能大幅提升推广回报率，使得 AI 在朋友圈营销中显示极其重要的价值。

> 问：
> 我的微信好友往往在晚上 6 点之后发布朋友圈内容，那么我什么时候在朋友圈推广我的产品比较好？
> 答：
> 既然你的微信好友通常在晚上 6 点之后更活跃地发布朋友圈内容，你可以考虑在这个时间稍后一点发布你的产品推广，比如，晚上 7 到 9 点。这样做有几个好处：
> 避开高峰：稍微错开 6 点的高峰发布时间，可以减少你的内容与其他大量内容同时出现的情况，从而避免你发布的内容在信息流中迅速被淹没。
> 抓住高活跃度：晚上 7 到 9 点仍处于用户活跃时间段，人们已经下班，在家休息，更有时间浏览朋友圈。
> 优化内容可见性：在这个时间段发布，当你的朋友浏览朋友圈时，你的内容更可能出现在较前的位置，从而提高可见性和互动率。
> 结合这些考虑，建议你尝试在晚上 7 到 9 点发布推广内容，并观察这一时间段的推广效果。如果可能，可以在不同的日子里测试这个时间段的前后变化，找到最佳的具体发布时间点。

场景四
AI 市场营销大师

6.1 做好市场调查

现在来看，AI 可以帮助我们做好企业市场调查，市场调查是洞悉市场规律，摸清市场行情的关键步骤，企业在发展过程中不能忽视这一环节。有 AI "助阵"，可以让企业更加轻松。

AI 十分擅长数据分析，这提高了其处理大量数据的准确性。比如，AI 能够自动识别并纠正数据中的错误。对于消费者反馈数据，AI 能够识别各种反馈的主题并分类，如价格、服务质量、产品特性等。AI 还能从复杂数据中提取有意义的关键要素，对于后续的数据分析和决策制定至关重要。例如，在众多的用户数据中，AI 可以快速识别出最能预示购买意图的行为模式，帮助企业优化营销策略，帮助企业把繁杂的数据快速分门别类，整理成排列清晰的数据内容。当然，在智能化数据分析之前，企业有必要先编辑一个科学完善的调查表，这也可以直接交给 AI 来做。

> 问：
> 假设本公司是一家自媒体公司，请帮我制作一个科学完善的自媒体受众用户调查问卷。
>
> 答：
> 为了帮助你的自媒体公司更好地了解受众，编辑一个科学完善的用户调查表非常重要。这个调查表将包括多个部分，旨

在全面收集用户的基本信息、使用习惯、内容偏好、满意度和反馈。以下是一个详细的自媒体受众用户调查问卷（符合您情况的请打钩）：

一、基本信息

1. 年龄：

　18 岁以下　　　　　18～24 岁

　25～34 岁　　　　　35～44 岁

　45～54 岁　　　　　55 岁以上

2. 性别：

　男　　　　　女

3. 职业：

　学生　　　　　　　文化教育　　　　　医疗健康

　工程技术　　　　　商业管理　　　　　自由职业

　家庭主妇/主夫　　　退休　　　　　　　其他

4. 教育水平：

　高中以下　　　　　高中/职高/技校　　专科

　本科　　　　　　　研究生及以上

二、使用习惯

1. 您每周使用我们平台的频率是多少？

> 每天　　　　每周几次　　　　每周一次
>
> 每月几次　　很少使用
>
> 2. 您通常在哪个时间段访问我们的内容？（可多选）
>
> 早晨　　　　上午　　　　　　中午
>
> 下午　　　　晚上　　　　　　深夜
>
> …………
>
> （由于 AI 所回答的内容过于丰富，在此不全部显示。）

利用 AI，我们很快就得到了这样一个比较全面的受众情况调查问卷。调查问卷制作完成后，我们邀请人们填写，然后把问卷回收，把数据集合在一起，交由 AI 进行全面分析即可。

举例来说，我们经过调查发现，使用我司开发平台软件的用户群体 65% 为 25～34 岁的人群，约 50% 的人从事文化教育或是学生，教育水平 55% 为本科，10% 为硕士研究生……根据这些调查数据，AI 可以做出比较准确的判断。

> 问：
>
> 保持在上文的语境中，假如我们经过调查发现，使用我司开发平台软件的用户群体 65% 为 25～34 岁的人群，约 50%

的人从事文化教育或是学生，教育水平 55% 为本科，10% 为硕士研究生……根据这些调查数据，帮我做出一个比较专业的行情分析。

答：

根据所提供的用户调查数据，我们可以得出一些关键的市场洞察，并据此进行专业的行情分析。这些洞察将帮助公司更好地定位产品和服务，以满足主要用户群体的需求。

用户年龄分布：调查数据显示，我司开发平台的主要用户群体中，65% 为 25～34 岁的年轻人。这一年龄段通常具有较强的技术接受能力和创新意识，是技术产品的主要消费者和活跃用户。针对这一年龄段的用户，我们的产品和服务应当注重创新性和先进性，同时要提供足够的灵活性和定制化选项，以满足他们对技术产品的高标准和个性化需求。

职业和教育水平：约 50% 的非用户从事文化教育行业或为学生，这表明我司平台在教育领域有广泛的应用潜力。此外，55% 的用户拥有本科学历，10% 拥有硕士研究生学历，这意味着我们的用户群体整体教育水平较高，对专业性和学术性内容有较大的需求。因此，平台的开发可以更多地整合专业工具和资源，满足问卖家教育专业人士和学生在研究和学习中的需求，如提供更多的学术资源、研究工具和协作功能。

产品定位和营销策略：基于用户的年龄、职业和教育水平，我司可以采取以下策略来优化产品定位和营销：

产品定位：加强平台的教育和研究功能，如增加学术搜索、在线课堂、虚拟实验室等特定功能，吸引更多文化教育行业用户和学生。

内容策略：发布与教育技术相关的高质量内容，如教学方法改革、远程教育工具的应用，以及如何有效使用技术支持自主学习等。

营销策略：通过文化教育行业研讨会和学术期刊等渠道进行营销推广，同时与高校和研究机构合作，推广平台的使用。

....

6.2 市场营销策划

市场营销策划关系到如何根据市场状况和消费者需求，设计有效的营销策略和活动，来提升企业的市场竞争力和盈利能力。对于企业管理者来说，理解营销策划的本质、作用和与其他营销概念之间的关系至关重要。策划，基于对市场状况的详尽分析和对企业资源的充分了解。它涉及预先设计营销方案和具体策略，以期达到企业的目标值。这个过程需要有对市场的敏锐洞察力，还需要能够创造性地利用企业资源，包括人力、物力和财力。营销策划的主要作用在于中心化消费需求，通过高效配置有限资源来提升企业的经营管理水平，降低运营过程中的不确定性。而当我们拥有并学会利用 AI，这一切都变得更加容易。

6.2.1 撰写市场营销策划书

AI 在撰写市场营销策划书时，能够自动选择合适的推广渠道，为企业的宣传推广保驾护航。

> 问：
> 我的门店坐落于北京市朝阳区，属于服饰销售领域（针对

25～40岁年龄段），可以预见，未来产品销售将和互联网、自媒体等领域联系越来越紧密，为了使企业不断发展，提升销售额，减本增效，请帮我撰写市场营销策划书草案。

答：

为了帮助您的服饰销售企业抓住互联网和自媒体的发展机遇，以下是一份市场营销策划书草案，旨在提升销售额、降低成本并提高效率。

市场营销策划书草案

一、执行摘要

本策划书旨在利用互联网和自媒体平台，通过精准营销策略和创新销售方法，推动北京市朝阳区本服饰店的销售增长和品牌影响力扩展。我们将通过集中资源于数字化转型、提升消费者体验和优化成本结构等方式，达到减本增效的目标。

二、市场分析

行业概况：服饰市场竞争激烈，消费者偏好快速变化，需紧跟时尚发展和消费升级趋势。

目标市场：主要针对25～40岁的都市职场人士，他们追求时尚、品质和品牌文化。

竞争分析：分析主要竞争对手的市场策略和消费者反馈，识别差异化竞争优势。

三、营销目标

短期目标（1年内）：增加30%的在线销售额，提升顾客满意度和品牌认知度。

长期目标（3～5年）：成为朝阳区知名的服饰品牌，保持稳定的客户忠诚度和市场份额。

四、营销策略

产品策略：强化产品设计与质量，推出符合都市职场人士需求的服饰系列。

价格策略：实行市场竞争定价，结合促销活动和会员优惠。

推广策略：

利用自媒体平台进行品牌故事和产品特点宣传。

通过影响力营销增加品牌的曝光度。

实施搜索引擎优化和社交媒体广告，提高在线可见度。

分销策略：

加强线上商城功能，提供优质的在线购物体验。

在重要商圈和在线平台设置快闪店和体验店，提升消费者互动度和购买意愿。

…………

AI生成的这份策划书中，"营销策略"方面的内容具有一定的具体指导性和可实践性，比较符合目前市场的发展趋势和规律。我们可以让 AI 围绕这个方面继续进行拓展。

（接上）

问：

针对"营销策略"，继续进行拓展，多提出一些可行的实践策略。

答：

针对服饰销售企业的营销策略，我们可以在已有的基础上进一步细化和扩展，以更好地抓住目标市场的机遇，并提升品牌的市场份额和消费者认知度。

1. 产品策略。

限量版产品发布：推出季节性或与知名设计师合作的限量版产品系列，以增加产品的独特性和吸引力。

可持续时尚：鉴于可持续时尚越来越受到消费者的关注，可以推出使用可再生材料或环保工艺的产品线，强调企业的环保责任。

定制服务：提供定制化服饰选项，允许消费者根据个人喜好选择面料、颜色或设计细节，以提升消费者的购买体验和满意度。

2. 价格策略。

动态定价策略：利用数据分析工具来实时调整在线商品的价格，以保证利润和市场竞争力最大化。

捆绑销售：通过捆绑销售推广配套产品，如将服装与配饰一起销售，以提高平均订单价值。

会员优惠：为常客提供会员计划，包括折扣、积分奖励和专享促销活动，以提升客户忠诚度和重复购买率。

3. 推广策略。

内容营销：通过博客、视频平台和社交媒体分与享时尚相关的内容，如穿搭技巧、时尚趋势、后台故事等，以提升品牌的参与度和认可度。

社交媒体互动：在各类平台上开展常规互动活动，如OOTD (Outfit of the Day) 挑战、抽奖和问答，以促进用户参与和内容分享。

影响者合作：与风格多样的时尚博主和意见领袖合作，覆盖不同的消费者群体，通过他们的推荐引入新客户。

…………

通过实施这些策略，您的企业不仅能够有效地提升品牌知名度和市场份额，还能在竞争激烈的服饰市场中拥有独特的市场地位。

在我们进一步发问下，AI 给出了更多关于具体营销策略的建议，具有很的实践指导作用。当然，涉及具体执行的时候，为了确保策略活动真实有效，我们还需要做好进一步实验。

6.2.2 市场营销策划书润色

为了确保我们利用 AI 生成的市场营销策划书更具专业性和吸引力，可以让其对原文进行适度润色，修改后的版本往往更加细致，而且用语更加言简意赅。

> 问：
> 帮我对上文的市场营销策划书进行润色。
> 答：
> 为了确保您的市场营销策划书更具专业性和吸引力，我对原文进行了适度的润色。以下是修改后的版本：
> 　　　　　市场营销策划书草案（润色版）
> 一、执行摘要
> 本策划书旨在通过精准的营销策略和创新的销售方法，利用互联网和自媒体平台，推动我公司位于北京市朝阳区的服饰销售业务实现持续增长和品牌影响力扩展。通过数字化转型加

强消费者体验并优化成本结构,我们计划显著提高效率和降低成本。

二、市场分析

行业概况:当前服饰市场竞争激烈,且消费者偏好快速变化,要求企业必须紧跟时尚发展趋势和消费升级步伐。

目标市场:目标客户主要为 25～40 岁的都市职场人士,这一群体追求时尚、品质与品牌文化。

竞争分析:我们将分析主要竞争对手的市场策略和客户反馈,以便确定我们的竞争优势并选择有效的市场进入策略。

三、营销目标

短期目标(1 年内):实现至少 30% 的在线销售增长,显著提升顾客满意度和品牌认知度。

长期目标(3～5 年内):在朝阳区树立行业内的领导品牌,保持稳定的客户忠诚度和显著的市场份额。

四、营销策略

产品策略:我们将加强产品设计和质量,定期推出符合都市职场人士需求的时尚服饰系列。

价格策略:采用市场竞争定价策略,并结合季节性促销活动及会员专享优惠来吸引和保留顾客。

推广策略:

内容营销:在自媒体平台上发布关于时尚搭配技巧、行业趋势及品牌故事的高质量内容,提升用户参与度和品牌忠诚度。

影响者营销:与风格各异的时尚博主和意见领袖合作,以扩大我们的市场覆盖范围和吸引更多潜在顾客。

社交媒体活动:在各大网络平台开展互动活动,如时尚挑战和抽奖,以提高用户参与度。

多渠道销售:在主要电商平台开设旗舰店,并在核心商圈筹划线下实体店。

直播销售:利用直播平台进行产品展示和销售,结合即时互动和促销活动吸引在线观众。

五、预算与执行

预算计划:详细列出各项营销活动的预算,包括广告投放、社交媒体管理等。

实施时间表:编制详细的活动日程,营销活动按计划有序推进。

六、评估与优化

性能监控:设定关键绩效指标(key performance indicator KPI),如销售增长、网站访问量、社交媒体互动等,以监控营销活动的效果。

策略调整:基于市场反馈和性能指标结果定期评审并调整营销策略,确保营销目标的实现。

6.2.3 市场营销活动规划

目前的市场情况来看,想要提高企业的竞争力,可以通过各类吸引人的市场营销活动,优化营销环节来实现。各类市场营销活动五花八门,无论是线上模式还是线下模式,都呈现出一种"百花齐放"的态势,这对于企业的发展是好事,如果有让利促销的话,也能帮助消费者省钱,可以算是一件双赢的事了。

在规划市场营销活动的时候,我们一般分为四个步骤,分别是目标确定、环境分析、计划制订、具体执行。

6.2.3.1 目标确定

凡事都要有目标,如果没有明确的目标就像孤零零漂泊在海上的小船,不知道去向何方,而如果有目标的,就会成为目标明确的远航。市场营销活动也是如此,如果不知道下一步做什么,不知道追求的是什么,想法再多也无济于事。所以第一步先确定目标,如增加品牌知名度,提高销售额等。

6.2.3.2 环境分析

确定目标后,就要根据目标对企业自身所处的环境进行比较全面且系统的分析。常规的环境分析包括许多方面,如宏观环境、社会趋势,以及企业的优劣势判断等,在分析的时候可以尝试使用 SWOT 模型进行辅助,通过几个象限,比较明确地把企业的相关问题列举出来,从而全面分析和判断。

6.2.3.3 计划制订

市场营销活动计划涉及许多具体的环节,如广告的设计、投放,活动预期效果，参与人员的联系，等等，这些需要规划人员考虑周到。计划一定要有可执行性，如果没有可执行性，只能沦为一纸空文。

6.2.3.4 具体执行

专业的事交给专业的人去做，这一说法在营销活动的实施方面同样适用，市场营销活动具体执行要明确分工，员工根据不同的职责处理专人专事，提升工作效率。

以上就是企业市场营销活动规划的基本流程和步骤，流程比较复杂烦琐，然而当我们运用 AI 的时候，可以变得很简单，那些看起来耗时费力的工作，会在我们正确地对 AI 输入指令后，直接解决。

利用 AI 制订市场营销活动计划，具体方式如下。

> 问：
> 某大型超市，最近想要快速售卖库存积压的大量牛奶及奶制品，目前超市约有库存鲜牛奶 500 箱，酸奶 200 箱，各类奶味调制饮品若干，目标在一个月内减少至少 80% 的库存积压，请制订市场营销活动计划。
>
> 答：
> 为了帮助某大型超市快速售卖积压的牛奶及奶制品，以下是一个详细的市场营销活动计划：
>
> 1. 活动目标。
>
> 在一个月内减少至少 80% 的库存积压。
>
> 增加顾客对超市奶制品品类的认知和购买率。

2. 目标顾客群。

家庭购买者，特别是有小孩的家庭。

健康意识较强的年轻顾客。

周边社区的居民。

3. 营销策略。

产品策略：确保所有奶制品的新鲜度和质量，以增强顾客的购买信心。

价格策略：实施特价促销活动，如"买一送一"或打折销售。对购买大量奶制品的顾客提供额外折扣。

推广策略：通过超市的官方社交媒体账号发布活动信息，利用有趣的内容吸引顾客关注和参与。

电子邮件营销：向已注册的顾客发送电子邮件通知，介绍奶制品的促销活动。

现场推广：在超市内部进行现场推广，设置试饮区，提供免费样品让顾客试饮。

分销策略：在超市入口处和结账区域摆放奶制品促销展台，以增加产品的可见性。

与周边学校和社区中心合作，进行奶制品捐赠活动，提升品牌形象。

4. 活动执行计划。

准备期（1周）：产品筛选、定价策略确定、促销材料准备。

推广期（3 周）：

第一周：社交媒体和电子邮件营销启动，现场推广准备。

第二周：全面启动现场推广活动，包括试饮和直接销售。

第三周：评估活动效果，调整策略，加大推广力度。

5. 预算。

整个营销活动预算为 5000 元，包括广告费用、促销材料制作、现场活动支出等。

6. 评估与优化。

监控销售数据：每日监控促销产品的销售情况。

顾客反馈：收集顾客对活动的反馈，调整活动内容以提升顾客满意度。

最终报告：活动结束后，制作详细的销售和市场反馈报告，以便未来活动的改进。

在我们提出问题后，AI 迅速给出答案，并且表格的设计也比较合理，这让企业工作人员省下了很多时间。

问：

某互联网软件开发公司，最近刚刚研发出一个全新软件，准备投入市场，预期目标是在产品发布的前三个月内，达到至少 10 万用户的下载量。建立品牌认知度，确保软件在目标市场内具有可见性和讨论度。预算为 50000 元，请制订市场营销活动计划。

答：

为了帮助这家互联网软件开发公司成功地将其全新软件投入市场，以下是一个详细的市场营销活动计划：

1. 活动目标。

在产品发布的前三个月内，达到至少 10 万用户的下载量。

建立品牌认知度，确保软件在市场内具有可见性和讨论度。

2. 目标顾客群。

企业客户，尤其是中小企业，可能会从该软件的功能中受益。

技术爱好者和早期采纳者，他们乐于尝试和推广新技术。

针对具体领域的专业人士，取决于软件的功能和用途。

3. 营销策略。

产品策略：

强调软件的独特卖点和技术创新。

提供免费试用期，让用户亲身体验软件的优势。

价格策略：

采用渗透定价策略，初期价格设定较低以快速吸引用户。

对于早期采纳者提供优惠价格或终身折扣。

推广策略：

产品发布会：组织一场线上发布会，邀请行业影响者、媒体和潜在客户。

社交媒体营销：在各大平台如上发布广告和互动帖子。

内容营销：发布博客文章、教程和案例研究，展示软件如何解决具体问题。

合作推广：与行业协会和专业论坛合作，进行联合推广活动。

分销策略：在公司网站上直接销售。

通过应用商店分销。

4. 活动执行计划。

准备期（1个月）：完成产品测试，准备市场推广材料，设置在线销售渠道。

推广期（3个月）：

第一个月：重点推广产品发布会和免费试用。

第二个月：增加社交媒体广告的投放，推出用户推荐计划。

第三个月：评估市场反应，调整推广策略，准备第二波营销活动。

5. 预算。

总预算为50000元，用于覆盖推广活动、广告费和合作伙伴的激励费用。

6. 评估与优化。

性能监控：跟踪下载量、用户反馈和销售数据。

策略调整：根据初期市场反馈调整产品功能和营销策略。

6.3 企业宣传海报制作

AI 软件不仅具有强大的文字组织和文字生成功能，还具有非常强大的画图功能，在企业运营的过程中，我们可以利用 AI 实现企业宣传海报的快速制作。例如，通过 AI 越来越成熟的图像生成技术，企业工作人员能够创建具有较强针对性的宣传海报，告别繁复的流程，帮助企业实现减本增效。

6.3.1 AI 企业宣传海报的制作流程

我们尝试着做一个简单的图片，先点击"百宝箱"。

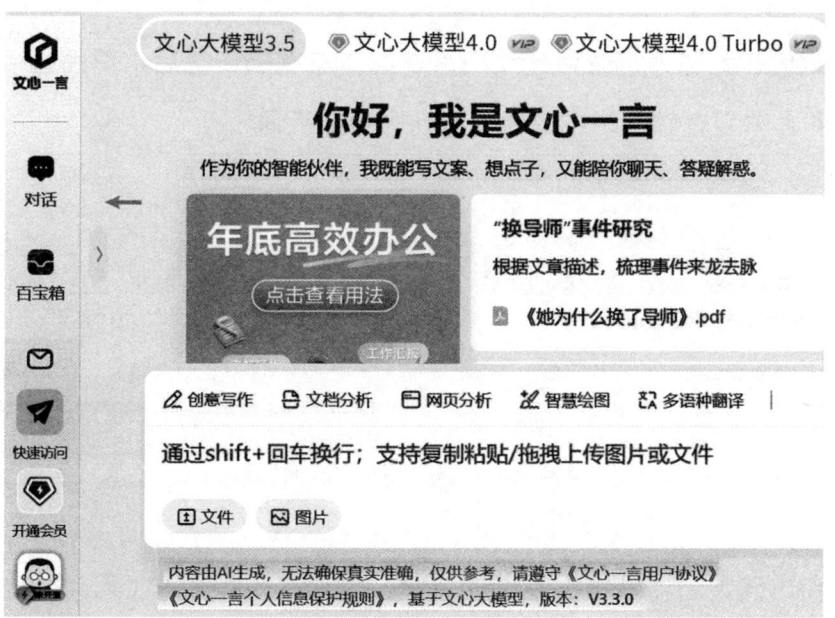

图 6-1 点击"百宝箱"

接下来，我们找到"AI 画图"版块，这里有许多可以预选的画图风格或主题。

图 6-2 找到"AI 画图"

我们尝试输入"画月光流心月饼"，左键单击之后，页面直接跳转到主页，并且在输入栏中出现已经列好的提示词。

画一个：电商摄影，美食月饼，超美丽梦幻，规划，金色月亮，蓝光，高清，桂花，金色，泡泡，梦幻，金粉，流光溢彩，超现实主义

图 6-3 输入"画月光流心月饼"提示词

点击确定后，AI 根据我们的需求，创作了一幅画作。可以看出画面中的月饼圆润精美，基本和提示词的要求相差无几。

画一个：电商摄影，美食月饼，超美丽梦幻，规划，金色月亮，蓝光，高清，桂花，金色，泡泡，梦幻，金粉，流光溢彩，超现实主义

图 6-4　AI 绘制月饼图

图 6-5　AI 绘制的月饼图片

以上就是利用 AI 生图的基本流程，当然，这只是作为一个示范，在实际的应用过程中，我们要根据需求，巧妙设计提示词，让 AI 生成更加贴切的图片。

6.3.2 AI 企业宣传海报的制作实例

示例一

场景：企业将开展智能科技产品发布会。

AI 图片提示词及效果：智能科技产品发布会，未来感，前卫感。

图 6-6　AI 绘制人工智能科技产品发布会图例（1）　　图 6-7　AI 绘制人工智能科技产品发布会图例（2）

示例二

场景：企业将开展员工团建聚餐活动。

AI 图片提示词及效果：团建聚餐活动，欢声笑语，举杯欢庆，气氛活跃。

图 6-8　AI 绘制员工团建聚餐活动图例

示例三

场景：糕点品尝活动。

AI 图片提示词及效果：糕点品尝活动，蛋糕店，蛋糕，点心，色泽诱人。

图 6-9　AI 绘制糕点品尝活动图例

示例四

场景：中秋节活动。

AI 图片提示词及效果：卡通手绘，Q 萌吃月饼的唐代小宫女，唐宫夜宴，可爱小女孩。

图 6-10　AI 绘制中秋活动图例（1）

接下来我们可以尝试着适当修改提示词,看看图片会发生怎样的变化?

AI 图片提示词及效果:卡通手绘清新风,Q 萌吃月饼的唐代小宫女,唐宫夜宴,可爱小女孩。

图 6-11　AI 绘制中秋活动图例(2)

可见,在提示词的细微改动下,根据我们的语言,AI 作图也发生适当的变化,而且画面的变化朝着提示词改变的方向转变,画面整体风格与内容基本符合要求。

示例五

场景:动漫电影首映礼海报。

AI 图片提示词及效果:海上生明月,沸腾的金色海水,飞溅的水花,一只巨大的鲸鱼托着月亮。

图 6-12　AI 绘制动漫电影首映礼海报图例

示例六

场景：手办产品宣传海报。

AI 图片提示词及效果：可爱汉服少女手办，唐代少女，仙子，华丽的头饰，美丽可爱小女生，抱着一个大大的圆月，怀中的月亮，少女，白胖可爱，背后有桂花，云，虚幻引擎风格。

图 6-13　AI 绘制手办产品宣传海报图例

场景五
AI 运营指挥官

7.1 AI 与企业运营管理

随着 2024 年 AI 技术的持续进化，特别是大模型的能力提升，企业更需要紧跟技术发展的步伐，将 AI 融入日常运营中，以保持竞争力和推动业务增长。

7.1.1 AI 助力企业运营管理

AI 的多样化应用和其在数据处理、流程优化以及智能决策方面的显著提升，为企业提供了前所未有的机遇，同时带来了一系列挑战和决策压力。为了有效地利用这一技术潮流，企业需要进行系统的规划和实施策略，确保 AI 技术能够为其创造真正的价值。研究 AI 在企业运营管理中的应用之前，有必要先了解一下企业运营管理的相关内容，我们要先清楚运营管理到底涉及哪些方面，才能确定怎么借助 AI，来完善这些步骤与环节。

企业运营管理是确保企业高效运作的关键。这一领域涵盖了计划、组织、执行和控制各种生产和服务创造活动的全过程。随着经济的发展和服务业的兴起，传统的生产概念已经发生了转变，现在不仅包括有形产品的制造，还扩展到了提供无形服务的领域。

在今天这个全球化竞争激烈的市场环境中，企业更需要对运营管理有一个全面和深入的理解。有效的运营管理不仅能提高产品质量和生产效率，还能确保服务的连贯性和高效性，从而直接影响企业的竞争力和市场地位。

现代企业管理中，运营管理与财务会计、技术、市场营销以及人力资源管理等其他关键职能紧密相连。这些职能虽然在某种程度上是独立的，但它们的相互依赖性和配合是企业实现经营目标的基础。例如，优秀的运营管理能够降低成本，这直接影响到财务健康；同时，良好的产品质量和客户服务也会增强市场营销的效果。

对于管理者来说，了解如何创新地应用运营管理的理论与实践至关重要，其中包括采用最新的技术，如利用人工智能和机器学习优化生产流程，或是通过数据分析改进服务交付。AI 可以在供应链管理中预测需求和优化库存，而大数据分析可以帮助企业更好地理解客户需求和行为模式，进而提供更加个性化的服务。

运营管理的对象是运营过程和运营系统，这两者都需要非常庞大烦琐的工序，涉及企业生产活动的全过程，是企业管理者必须考虑的内容。运营管理的目标是质量、成本、时间和柔性，这些要素是企业减本增效、转型发展的重要动力或源泉。进入 21 世纪以来，现代企业发展速度飞快，产业转型日新月异，市场需求越发多样，这对企业运营管理提出了更高的要求。

7.1.2 AI 技术正在深刻改变企业运营管理各个方面

如今，在各项新兴技术的加持下，AI 技术迅猛发展，正在以锐不可当的势头改变着市场中企业运营管理的多个领域。在 AI 技术的影响下，企业的决策效率将得到提高，业务流程将得到优化，运营成本将有效降低。

AI 技术通过处理和分析海量数据，结合各种算法，能够快速且精准地预测市场趋势，分析消费行为，为企业提供比较精确的市场洞察。这种基于数据的决策支持，使企业在战略规划、产品开发和市场营销等方面更加科学、高效。

如今 AI 技术，逐渐渗透各行各业，包括生产、财务、供应链、人力资源等多个环节，越来越多的环节伴随 AI 的加入而变得更加省时省力，相关部门的工作人员则有更多时间去进行创造性的工作，这对于企业的未来发展绝对是利大于弊的。

企业运营管理与 AI 技术结合的背景下，企业管理者最乐于见到的肯定是减本增效了。AI 驱动的智能制造系统能够自主完成复杂的生产任务，实时监测设备状态并预测故障，减少停机时间，提高生产效率。同时，通过优化生产流程和资源配置，降低生产成本。而且 AI 技术的记录、统筹、预测等功能可以优化仓储管理和配送路线，减少库存积压和缺货现象，提高物流效率，降低物流成本，等等。

7.2 日常运营任务 AI 自动化

在企业运营管理中，AI 自动化能够有效提升效率和提高生产力。通过 AI 技术，企业可以将许多重复性和日常性的任务自动化，从而解放人力资源，集中精力在更具战略性的活动上。AI 可以实时处理和分析大量数据，减少人为错误，优化流程，例如在数据录入、财务管理和供应链操作方面，它能够预测市场趋势，优化库存管理，帮助企业做出决策。在客户服务方面，AI 聊天机器人可以提供全天候的服务，提升客户体验，降低人工成本。AI 自动化营销可以精准分析客户需求，个性化推送广告和产品推荐，增强客户转化率。在人力资源管理中，AI 能够自动筛选简历、安排面试，并监控员工的绩效表现。

7.2.1 AI 宣传文稿

AI 自动化简化了企业的日常运营，提升了企业应对市场变化的灵活性，使得管理决策更加高效和精准。这种技术的运用为企业带来了更强的竞争优势，有助于在数字化时代实现可持续发展。例如，我们可以运用 AI 来撰写企业宣传文稿。

> 问：本企业 A 是一家专注于可持续能源解决方案的中型企业，成立于 2015 年，总部位于天津市的一个创新科技园区内。

公司致力于研发高效的太阳能板、风力发电设备以及储能系统，并为客户提供绿色能源的整体解决方案。请帮本企业撰写宣传文稿，要求用语严谨流畅。

答：本公司 A 成立于 2015 年，位于天津市创新科技园区，是一家专注于可持续能源解决方案的中型企业。自成立以来，公司始终秉持绿色环保、技术创新的理念，致力于研发高效太阳能板、风力发电设备及先进的储能系统，致力于推动清洁能源的广泛应用。我们不仅为客户提供领先的可再生能源产品，还提供从设计、安装到维护的全方位绿色能源整体解决方案，帮助客户实现能源利用效率的最大化。凭借着强大的研发实力和专业团队，公司已经在国内外市场上赢得了良好声誉。我们始终以客户需求为导向，不断优化产品性能，提升服务质量，为全球绿色能源发展贡献力量。

我们请 AI 初步撰写了一篇企业宣传文稿，但是发现文稿过于单调、枯燥，之后对它稍加训练，我们便得到了更加生动的企业宣传文案。

接上

问：宣传文稿过于单调，请进行丰富和润色，使其更适合发布于朋友圈或小红书。

答：

可持续能源的未来，由我们共同创造

自 2015 年成立以来，本公司 A 深耕于绿色能源领域，坐落于天津市创新科技园区，致力于研发最前沿的太阳能板、风力发电设备及储能系统，为全球客户提供绿色能源的整体解决方案。通过多年的技术积累与创新，我们不仅为客户带来经济效益，更为环保事业贡献一份力量。

1. 绿色能源·低碳生活。

面对全球能源挑战，我们坚信未来属于绿色能源！公司研发的太阳能板在阳光下尽情吸收能量，轻松将阳光转化为电力，适用于家庭屋顶、商业建筑，甚至偏远地区。无论是阴雨连绵还是阳光灿烂，稳定、高效的发电表现让你畅享清洁能源的便捷。再搭配我们的储能系统，即使在夜晚或用电高峰期，也无须担忧电力不足。

2. 风力发电·自然赋能。

风，是大自然最无私的馈赠。我们开发的风力发电设备拥有出色的耐用性和灵敏性，适合不同的地形和风资源条件。不论是平原、高山，还是海边，风力发电机都能捕捉风的能量，为用户源源不断地提供清洁电力。

3. 储能系统·随时待命。

我们的储能系统经过多次技术迭代，现已成为市场上稳定可靠的能源储备方案。不论是家用、工厂，还是商业项目，智能储能技术都可以为你提供全天候的绿色电力，提升能源利用效率，避免浪费。

4. 定制化绿色方案·适应每个场景。

从家庭到企业，从城市到乡村，我们提供的可持续能源解决方案，全部量身定制，满足各种能源需求。无论是安装在家庭阳台的太阳能板，还是覆盖工业园区的风力发电机，我们都为您精心设计，打造绿色生活的每一步。

5. 让每一缕阳光、每一阵微风，都为我们的未来发电。

加入我们，一起为地球减碳，共同迈向绿色未来！#可持续能源#绿色生活#新能源革命#风光无限

这个版本适合发布在朋友圈或小红书，语言更加轻松自然，图片和内容结合也更具吸引力，可以激发人们的互动和分享。

7.2.2 AI 会议纪要

在企业的正常运营过程中，撰写会议纪要是必不可少的，会议纪要是在会议记录的基础上，经过加工整理出来的记叙性和介绍性的文件。运用 AI 软件，撰写和整理会议纪要的工作变得不再烦琐。我们先看看 AI 是怎么介绍会议纪要的。

> 问：请介绍会议纪要。
>
> 答：会议纪要是对会议内容进行简要记录的文件，用以总结会议的讨论要点、决策事项以及下一步的行动计划。它不仅能够帮助参会者回顾会议内容，还能为未能参加会议的人提供关键信息。
>
> 会议纪要的主要内容：
>
> 1. 会议基本信息：包括会议的名称、时间、地点、主持人、参会人员名单等。
>
> 2. 会议议题：列出会议中讨论的主要议题或主题。
>
> 3. 讨论内容摘要：简要记录每个议题的讨论内容，概述不同意见和主要观点。
>
> 4. 决议事项：详细记录会议中做出的决策或达成的共识，明确各项决议的执行者和时间节点。
>
> 5. 行动计划：对接下来的行动或任务进行安排，指定负责

人员及完成期限。

6. 其他事项：如果会议中提到了非议程内的事项，也可以在会议纪要中适当记录。

撰写会议纪要的原则：

1. 准确性：确保对讨论内容和决策的记录准确无误，不偏离原意。

2. 简洁明了：纪要内容应简明扼要，突出重要信息，避免过多细节。

3. 客观性：避免个人评价或主观意见，保持中立、客观的语言。

4. 及时性：会议结束后应尽快完成纪要，并及时发送给所有相关人员。

会议纪要作为会议成果的书面记录，不仅能提升会议的效率，还能为后续的工作提供重要的参考依据。

AI 软件对于会议纪要的介绍言简意赅，围绕会议纪要的主要内容和撰写原则，进行明晰的界定，让人一目了然。

接下来，让我们运用 AI 软件，把会议记录"喂"给它，看它能不能据此生成完善的会议纪要。

问：结合这份会议记录，撰写详细的会议纪要。

XYZ 科技有限公司 2023 年第四季度产品战略会议

会议时间：2023 年 10 月 28 日上午 9:00 -- 下午 12:00

会议地点：公司总部三楼会议室

主持人：张总（总经理）

记录人：李秘书（行政部）

参会人员：

张总（总经理）

王经理（研发部）

刘经理（市场部）

陈主管（销售部）

赵主管（财务部）

孙经理（客户服务部）

会议议程：

1. 回顾第三季度产品业绩。

2. 讨论新产品研发方向。

3. 制定第四季度销售目标。

4. 分析市场竞争情况。

5. 其他事项。

会议内容记录：

1. 回顾第三季度产品业绩。

张总：各位，首先感谢大家在第三季度的努力。下面请王经理汇报一下第三季度的产品业绩。

王经理：好的，张总。第三季度，我们的主打产品A系列销量同比增长了10%，但B系列产品的销量有所下滑，下降了5%。

张总：B系列销量下滑的原因是什么？

王经理：主要是因为市场上出现了新的竞争对手，他们的产品在功能上有一定的创新，吸引了部分客户。

刘经理：我补充一下，我们的市场调研显示，消费者对产品的智能化和个性化需求在增加，这可能是我们需要关注的方向。

2. 讨论新产品研发方向。

张总：既然如此，我们需要在新产品研发上有所突破。王经理，你们研发部有什么新的想法吗？

王经理：我们正在考虑引入人工智能技术，提高产品的智能化水平。此外，还计划增加产品的个性化定制功能。

陈主管：这对销售来说是个好消息，客户经常询问我们有没有更智能、更个性化的产品。

孙经理：但是我们也需要考虑售后服务的能力，如果产品功能增加，售后支持也需要升级。

张总：说得对，研发、销售和客服需要协同合作，确保新产品的顺利推出。

3.制定第四季度销售目标。

张总：陈主管，针对新产品的推出，你们有制定第四季度的销售目标吗？

陈主管：是的，考虑到市场趋势和新产品的影响，我们计划在第四季度实现销售额增长 15% 的目标。

张总：这个目标有挑战性，但我相信在大家的努力下可以实现。

刘经理：为了支持销售目标，市场部将加大广告投放力度，并策划一系列的市场活动。

赵主管：请各部门在预算方面提前与财务部沟通，确保资金的合理使用。

4.分析市场竞争情况。

刘经理：目前市场竞争激烈，主要竞争对手已经推出了新一代产品，我们需要加快速度。

王经理：我们会加班加点，争取在下个月完成新产品的研发。

张总：质量是第一位的，不能因为赶时间而降低产品质量。

孙经理：客户对产品的稳定性非常关注，我们必须确保产品可靠。

5.其他事项。

李秘书：提醒各位，年度工作总结需要在下个月中旬前提交。

赵主管：另外，年底财务审计即将开始，请各部门准备好相关资料。

张总：如果没有其他问题，会议就到这里。大家还有什么要补充的吗？

（无人发言）

张总：好的，感谢大家的参与。

…………

答：

XYZ科技有限公司2023年第四季度产品战略会议会议纪要

会议名称：XYZ科技有限公司2023年第四季度产品战略会议

日期：2023年10月28日

时间：上午9:00—下午12:00

地点：公司总部三楼会议室

与会者：张总（总经理）、王经理（研发部）、刘经理（市场部）、陈主管（销售部）、赵主管（财务部）、孙经理（客

户服务部）

缺席道歉：无

议程：

1. 回顾第三季度产品业绩。

2. 讨论新产品研发方向。

3. 制定第四季度销售目标。

会议总结：

1. 回顾第三季度产品业绩。

A 系列产品销量同比增长 10%，B 系列销量下降 5%。

主要原因是市场上出现了功能更具创新性的竞争对手产品，导致部分客户流失。

市场调研显示，消费者对智能化和个性化需求的增长，建议公司产品向这些方向发展。

2. 讨论新产品研发方向。

研发部提出将引入人工智能技术，提升产品智能化，并增加个性化定制功能。

销售部对新产品研发方向表示支持，认为这将满足客户对智能化和个性化的需求。

客户服务部指出，随着功能的增加，售后服务需同步升级，以确保产品功能复杂度增加后的服务质量。

3. 制定第四季度销售目标。

销售部设定第四季度销售额增长 15% 的目标。

市场部将加大广告投放力度，策划多场市场推广活动支持新产品上市。

各部门需与财务部提前沟通预算，确保资源合理分配。

行动项目：

1. 加快新产品研发。

责任方：研发部

截止日期：2023 年 11 月 30 日

说明：研发部需完成新产品的研发工作，并确保引入人工智能技术和个性化功能。

2. 第四季度销售策略实施。

责任方：销售部

截止日期：2023 年 12 月 15 日

说明：销售部制定并实施新的销售计划，确保销售额目标的达成。

3. 市场推广计划执行。

责任方：市场部

截止日期：2023 年 11 月 15 日

说明：制定详细市场推广方案并执行，支持新产品的市场发布。

4. 售后服务升级。

责任方：客户服务部

截止日期：2023 年 11 月 15 日

说明：升级售后服务系统，培训客服人员，以应对新产品的支持需求。

5. 预算分配及审计准备。

责任方：财务部

截止日期：2023 年 11 月 1 日

说明：确保各部门预算合理分配，并准备好年底财务审计所需资料。

结束语：

张总总结指出，各部门需密切配合，确保新产品研发、销售目标及市场推广的顺利进行。同时，感谢大家的参与与支持，期待第四季度公司目标的实现。会议在 12∶00 正式结束。

签：李秘书（行政部）

这份会议纪要总体上写得比较完整，涵盖了会议的主要内容和关键行动项目，清晰明了。

7.2.3 AI 精准营销

假如，电商平台想要利用 AI 进行精准营销。AI 系统会分析平台上大量的客户行为数据，包括浏览商品的种类、搜索关键词、加入购物车的商品、购买记录，甚至浏览的时间和频率等。通过对这些数据的分析，AI 能够识别出每个客户的购物偏好和需求模式。

> 问：根据用户 A 浏览平台的后台数据，对其购物偏好和需求模式进行分析。
>
> 用户 A
>
> 1. 基本信息。
>
> 用户 ID：××
>
> 注册时间：2021-03-15
>
> 最近登录时间：2024-09-09
>
> 2. 浏览记录：
>
> 2024-08-10 10:30：浏览女装 > 运动装 > Nike 运动裤
>
> 2024-08-12 14:25：搜索 "Adidas 运动鞋"
>
> 2024-08-14 16:10：浏览女装 > 休闲装 > Zara T 恤
>
> 2024-08-15 18:45：加入购物车 > Nike 运动裤
>
> 2024-08-16 09:00：购买 > Nike 运动裤
>
> 2024-08-18 19:30：搜索 "运动耳机"
>
> 2024-08-20 11:15：浏览运动装备 > 运动耳机 > Sony WH-

CH710

答：根据用户 A 的浏览和购物记录，可以对其购物偏好和需求模式进行以下分析：

1. 用户基本信息。

用户 A 于 2021 年注册平台，最近一次登录为 2024 年 9 月 9 日，说明用户活跃且经常访问平台。

用户的浏览记录集中在 2024 年 8 月，主要涉及运动类相关产品，包括运动服装、运动鞋以及运动装备。

2. 购物偏好分析。

运动品牌偏好：用户 A 对知名运动品牌有明显的偏好，尤其集中在 Nike 和 Adidas 产品。用户浏览并购买了 Nike 运动裤，并搜索了 Adidas 运动鞋，显示用户在运动服饰和鞋类的选择上倾向于大品牌。

运动耳机关注度：用户在搜索和浏览"运动耳机"，尤其是关注了 Sony WH-CH710 耳机。这表明用户对运动时的装备，如运动耳机有需求，可能在寻找搭配运动时使用的电子设备。

3. 需求模式分析。

运动相关产品需求：用户 A 的浏览记录主要集中在运动相关商品，尤其是运动裤、运动鞋和运动装备，表明其有较强的运动爱好或生活方式需求。结合其已购买的 Nike 运动裤，可以推测用户近期正在更新或升级其运动装备。

品牌敏感型用户：用户 A 更偏好购买知名品牌的产品，如 Nike、Adidas、Sony 等。这类用户往往对品牌有一定忠诚度，且更关注产品的品质和品牌声誉。

潜在的电子设备需求：用户不仅仅停留在运动服饰的购买，还对运动耳机有搜索和浏览行为，表明用户可能正在寻求综合的运动体验，提升运动时的舒适性和便利性。

4. 推荐与营销策略。

运动服饰和鞋类推荐：可以继续推送与 Nike 和 Adidas 相关的新品或优惠信息，尤其是运动鞋类和服饰搭配，以激发其购买欲望。

运动装备推荐：用户对运动耳机有需求，平台可以推送更多与运动耳机相关的产品或品牌推荐，比如 Bose、Jabra 等专注运动场景的品牌耳机。

跨品类组合推荐：鉴于用户对运动装备和电子设备都有关注，可以考虑推出"运动套装"类的组合营销，包含运动鞋、运动耳机、运动服饰等优惠组合，满足用户一站式的购物需求。

通过以上的案例可以看出，AI 软件能够综合用户在消费平台的浏览、购买等后台数据，进行全面分析，最后做出精准研判，并在之后有针对性地为用户推送个性化的内容，切中用户需求。

7.3 企业运营风险 AI 预警

在变幻莫测的市场环境下,企业面临着各种各样的机遇,同时也不可避免地要时刻应对挑战。传统企业发展模式中,专业的市场分析师假如企业管理者要对企业发展现状与未来方向做出判断,这当然包括深入分析判断企业运营中的各种风险。如今,在 AI 软件的协助下,企业运营过程中的风险管理变得更加轻松,利用 AI 实现风险预警,可以帮助企业及时过滤可能遇到的风险。

要利用 AI 软件为企业提供运营风险预警,需要向 AI 提供丰富的信息,以便它能够充分分析和判断潜在风险,如表 7-1 所示。

表 7-1 AI 数据表格

信息类别	内容
历史数据	财务数据:营收、利润、现金流、资产负债表、研发投入等
历史数据	运营数据:生产数据、库存水平、供应链表现等
	销售数据:销量、客户订单、退货率、市场占有率等
市场信息	竞争对手信息:市场份额、产品定价、技术发展等
	市场动态:行业趋势、市场需求变化、技术革新等
供应链数据	供应商信息:供应商地理位置、供应链健康状况、历史表现等

续表

信息类别	内容
供应链数据	原材料价格波动：关键原材料的价格历史和市场波动信息
政策和法规信息	政策变动：国家或地区的政策法规变化（补贴、环保政策、关税政策等）
	合规性要求：产品标准、数据隐私、环保法规等
网络与数据安全信息	安全漏洞和攻击历史：过去的网络安全事件、系统漏洞、数据泄露情况等
	系统健康状况：IT基础设施健康状态、数据备份情况、网络安全防护措施
客户和销售数据	客户行为数据：客户满意度、退货率、客户流失率、忠诚度等
	产品反馈：市场反馈、产品故障率、质量投诉等
全球宏观经济信息	经济指标：GDP增长率、利率、通货膨胀、汇率波动等
	地缘政治风险：国际贸易政策、地缘冲突、关税变化等
员工和人力资源信息	员工离职率、满意度：帮助评估关键人才流失、员工效率下降等
	劳动成本：工资增长率、劳动法变化等
技术研发信息	研发进度和技术路线图：了解研发进展和未来技术发展方向

续表

信息类别	内容
技术研发信息	专利和知识产权：专利状况、竞争对手专利布局
突发事件和危机管理信息	自然灾害和突发事件记录：历史记录和预警系统数据
	应急预案和资源储备：现有应急预案的有效性和资源储备情况

7.3.1 AI 风险预判

企业运营管理的过程中，我们还可以利用 AI 软件进行数据处理，并且生成报告，做出风险预判。

> 问：以下是本公司 A 的经营数据，请根据这些数据，对本企业未来发展做出风险预判。
> 1. 财务数据。
> 2023 年度总收入：约 3 亿元人民币
> 净利润：约 3000 万元人民币
> 研发投入：约占总收入的 10%，即约 3000 万元人民币
> 资产总额：约 2 亿元人民币

负债总额：约 8000 万元人民币

所有者权益：约 1.2 亿元人民币

2. 业务数据。

太阳能板销售量：约 10 万块

风力发电设备销售量：约 100 套

储能系统销售量：约 500 套

客户数量：约 200 家（包括企业和政府项目）

3. 市场与销售。

市场份额：在中国市场中占据约 3% 的份额

主要市场：华北地区、华东地区

出口市场：东南亚、欧洲部分国家

4. 研发与创新。

研发团队规模：约 100 人

专利数：累计获得专利超过 50 项

新产品开发：每年至少推出 2～3 款新产品或改进型号

5. 生产与供应链。

生产基地：位于天津及周边城市的两个生产基地

原材料供应商：与国内外多家原材料供应商建立了长期合作关系

答：好的，以下是对未来五年发展过程中可能遇到的风险进行详细预判：

随着公司的发展，不可避免地会面临一系列内外部风险。这些风险包括市场竞争加剧、技术更新换代速度快、政策变动、原材料价格波动以及国际贸易环境的变化等。

首先，市场竞争将会变得越来越激烈。随着可再生能源领域的快速发展，越来越多的企业开始进入这一市场。这意味着公司在保持现有市场份额的同时，还需要积极开拓新的市场。为了应对这一挑战，公司需要不断地提升自身的核心竞争力，这不仅包括产品的技术含量和服务质量，还包括品牌形象的建设。通过持续的研发投入，保持技术领先，同时加强市场营销和品牌推广，提高市场认知度和用户忠诚度，可以有效地抵御竞争对手的压力。

其次，技术更新换代的速度快是一个不容忽视的风险。可再生能源技术的进步日新月异，如果不跟上技术发展的步伐，很容易被市场淘汰。为此，公司需要持续关注行业内的最新科研成果和技术趋势，并将其快速转化为商业应用。通过与高校、研究机构等外部资源的合作，加速新技术的吸收和转化，确保公司在技术创新方面始终保持领先地位。

再次，政策变动也可能对公司造成影响。中国政府对可再生能源的支持力度很大，但政策具有不确定性。例如，补贴政策的调整可能会直接影响到公司的盈利能力。因此，公司需要密切关注相关政策的动态，及时调整战略方向。同时，可以通过多元化的产品和服务，降低对单一政策的依赖程度，从而减轻政策变动带来的风险。

从此，原材料价格的波动也会对公司产生影响。太阳能板和风力发电设备所需的原材料价格受国际市场影响较大，价格波动可能会影响公司的成本控制。为此，公司可以通过与供应商建立长期稳定的合作关系，尽量锁定原材料价格，减少市场价格波动对公司的影响。另外，还可以通过优化生产工艺，提高材料利用率，降低成本。

最后，国际贸易环境的变化也可能给公司的出口业务带来不确定性。全球贸易摩擦和关税政策的调整都可能影响公司的海外销售。为了降低这种风险，公司应考虑多元化国际市场布局，避免过度依赖某一市场。同时，加强与当地的合作伙伴关系，利用当地的优势资源，提高市场响应速度和灵活性。

总之，面对这些风险，公司需要采取灵活多样的策略来应对。通过持续的技术创新、市场拓展、成本控制以及国际合作，公司可以在未来五年内实现稳健的发展，并在竞争激烈的市场环境中保持优势地位。

我们把企业 A 的数据情况发送给 AI 后，它对企业 A 的风险预判具备较高的完整性和合理性，涵盖了企业在未来发展过程中可能遇到的主要挑战，并提供了针对性的解决方案。

7.3.2 AI 应急预案

AI 可以通过数据收集与监控，建立数据监控系统，实时收集企业内外部数据，包括市场变化、政策动向、原材料价格波动等，帮助企业识别和量化潜在的风险，并生成相关的应急预案。

> 问：
>
> 企业概况
>
> 企业名称：××未来科技有限公司
>
> 成立时间：2018 年
>
> 总部所在地：上海市
>
> 企业规模：中型企业，员工人数约 300 人
>
> 主营业务：可再生能源解决方案的研发与应用，核心产品包括太阳能发电设备、风力发电设备和智能储能系统，为住宅、商业和工业客户提供一站式绿色能源解决方案。
>
> 市场区域：主要在中国市场运营，同时拓展东南亚及欧洲市场。
>
> 合作伙伴：国内外知名能源公司、电网公司以及多个高校和科研机构。
>
> 发展现状：公司正在积极扩展海外市场，并加大研发投入，目标在未来三年内推出新一代高效太阳能电池和模块化储能系

统。同时，公司计划通过引入 AI 技术优化智能电网和能源管理方案。

财务状况

2022 年营收：6 亿元人民币

2023 年上半年营收：3.5 亿元人民币

净利润率：12%

研发投入占总收入的 15%

公司近期面临困难：原材料价格波动、政策补贴减少、海外市场准入壁垒以及日益激烈的市场竞争。

请你基于××企业概况，做出风险预测。

答：

××未来科技有限公司风险预测

1. 原材料价格波动风险。

由于公司主要生产太阳能发电设备、风力发电设备和储能系统，核心原材料如硅、稀有金属（锂、钴等）价格波动将直接影响生产成本和利润率。近年来，全球原材料价格波动剧烈，尤其是新能源行业的快速扩张导致需求激增，进一步加剧了原材料供应紧张。

风险预警：

高风险：未来原材料价格可能继续上涨，直接推高生产成本，侵蚀公司的利润率。如果全球供应链不稳定，原材料短缺的风险也在增加。

应对策略：建议公司通过长期合同与供应商锁定价格，或者探索原材料的替代方案。同时，优化生产流程，提高原材料的利用效率，以应对价格波动带来的成本压力。

2. 海外市场准入壁垒风险。

公司正在积极拓展东南亚和欧洲市场，但不同国家的市场准入门槛、政策法规、关税和贸易壁垒将成为阻碍。尤其是欧洲市场，环保标准严格，认证流程复杂，此外还可能面临国际竞争对手的压力。

风险预警：

中高风险：海外市场的政策和技术标准可能提高公司进入新市场的难度，延缓市场拓展进程。

应对策略：建议公司加强与当地合作伙伴的合作，确保符合当地市场的标准与法规，提前做好认证和合规工作。同时，可以考虑本地化生产，降低关税及其他贸易壁垒带来的影响。

3. 市场竞争加剧风险。

新能源领域的快速增长吸引了众多企业进入，尤其是大型跨国公司和本土竞争者。技术的快速迭代和降价竞争可能会使市场竞争进一步加剧，公司的市场份额和利润率面临挑战。

风险预警：

中等风险：市场竞争可能导致价格战和技术战，特别是在高效太阳能电池和模块化储能系统的技术升级上,如果公司未能保持技术领先,可能失去市场竞争力。

应对策略:持续加大研发投入,保持技术创新和产品升级。同时,强化品牌建设和市场推广,增强客户的品牌忠诚度。此外,关注新兴市场,抢占市场先机。

4. 国际贸易风险。

全球贸易摩擦和地缘政治不确定性可能影响公司的国际业务扩展。尤其是在当前全球贸易环境复杂多变的情况下,可能面临关税上涨、出口限制、汇率波动等多种不确定因素。

风险预警:

中等风险:贸易摩擦可能导致公司在海外市场的运营成本上升或利润下降,影响整体营收。

应对策略:公司应考虑多元化国际市场布局,减少对单一市场的依赖,增强抗风险能力。同时,可以通过加强本地化生产和服务,规避部分贸易风险。

总体结论。

××未来科技有限公司未来五年内可能面临较大的原材料价格波动风险、海外市场准入壁垒的挑战。市场竞争和国际贸易的不确定性也是公司需要重点关注的风险领域。通过加强供应链管理、提高技术创新能力、分散市场和降低成本,公司能够有效应对这些风险并实现稳健发展。

使用 AI 软件，可以帮助企业预先制定风险应急预案，实时跟踪，及早发现潜在风险信号，假如企业运营过程中出现紧急情况，管理者可以依此处理紧急事务。

> 问：请帮助该企业制定应对风险紧急预案。
>
> 企业名称：××智能科技有限公司
>
> 成立时间：2016 年
>
> 总部所在地：深圳市
>
> 企业规模：大型企业，员工人数约 1500 人
>
> 主营业务：专注于智能制造和物联网（IoT）解决方案的研发、生产与销售，主要产品包括工业机器人、智能家居设备、物联网传感器及其管理系统，面向全球市场。
>
> 市场区域：全球市场，重点覆盖东南亚国家。
>
> 合作伙伴：全球多家知名制造企业、互联网公司，以及多个物联网技术联盟。
>
> 发展现状：公司已在国内外市场建立了较强的品牌影响力，并持续扩展智能制造和智能家居领域的新业务。公司正计划进一步扩展北美市场，同时加大在工业 4.0 相关技术研发上的投入。
>
> 财务状况。
>
> 2022 年营收：30 亿元人民币
>
> 2023 年上半年营收：18 亿元人民币

净利润率：10%

研发投入占总收入的 20%

企业现有风险与隐患。

1. 供应链中断风险：由于公司生产设备高度依赖进口芯片和关键部件，全球供应链的不稳定性，可能导致生产延误。

2. 数据安全隐患：公司产品广泛应用于智能制造和智能家居领域，涉及大量用户隐私和数据传输，一旦遭遇网络攻击或数据泄露，可能会造成严重后果。

3. 市场竞争激烈：随着物联网行业的快速发展，越来越多的企业进入市场，尤其是大公司和本土竞争者的技术创新和价格战，使得公司的市场份额面临压力。

基于以上风险和隐患，公司需要制定风险应急预案，请你帮我来设想。

答：

××智能科技有限公司风险应急预案。

1. 供应链中断风险应急预案。

背景：公司生产设备对进口芯片和关键部件依赖较大，全球供应链的不确定性，尤其是芯片短缺、地缘政治冲突或国际贸易摩擦，可能导致生产中断或延误。

应急措施：

供应商多元化：识别和开发多个供应商，减少对单一供应商的依赖，尤其是关键部件的供应。探索国内和其他区域市场的供应链合作伙伴，确保供应稳定性。

安全库存策略：为关键部件（如芯片、传感器等）设立安全库存，确保在供应链短期中断时有足够的库存维持生产。根据市场需求和供应链风险预测，调整库存量。

供应链透明度和监控：使用供应链管理系统实时监控供应链状态，及时获取风险预警信号。建立供应商风险评估机制，及时识别潜在的供应商问题。

与供应商的长期合同：与核心供应商签订长期合同，通过锁定价格和供货量，减少供应波动风险。

替代方案研发：投入研发资源，开发不依赖进口关键部件的替代技术和方案，从根本上降低供应链中断的影响。

2. 数据安全隐患应急预案。

背景：智能制造和智能家居产品涉及大量数据传输和用户隐私信息，一旦遭受网络攻击或数据泄露，可能导致用户隐私侵害、声誉受损、法律风险等。

应急措施：

加强数据安全防护：部署全面的网络安全系统，包括防火墙、入侵检测系统、数据加密技术等，确保数据传输和存储的安全。定期进行网络安全审计和漏洞扫描，确保系统及时修复潜在的安全隐患。

员工安全培训：定期对员工进行数据安全意识培训，特别是涉及研发、IT 和客户服务的部门，确保全体员工具备基础的网络安全常识，防止人为疏忽引发的数据泄露事件。

应急响应小组：成立专门的数据安全应急响应小组，一旦发生数据泄露或网络攻击，能够在最短时间内介入处理。应急小组包括 IT 安全专家、法务人员和公关人员，确保技术修复、法律应对及舆论引导同步进行。

快速隔离和恢复措施：一旦发生网络攻击或数据泄露，确保能够迅速隔离受影响系统，防止事态扩大。同时，备份所有关键数据，确保在数据丢失或破坏时能够快速恢复业务。

用户通知和法律合规：在数据安全事件发生后，立即根据法律要求通知受影响用户，并配合相关监管机构的调查。同时，准备公开声明和补救措施，以降低声誉损失。

3. 市场竞争加剧应急预案。

背景：物联网市场竞争激烈，尤其是大公司和本土竞争者在技术和价格方面的优势，可能导致公司市场份额和利润率下降。

应急措施：

技术创新加速：加大研发投入，加速技术创新，确保公司产品在技术层面具有竞争优势。重点关注工业 4.0 相关技术，保持在工业机器人、智能制造领域的领先地位。

差异化竞争策略：开发具有差异化功能的产品，尤其是在智能家居和物联网设备领域,提供更加智能、个性化的解决方案,避免直接陷入价格竞争。

市场定位优化:通过市场调研,优化产品定位,避免与低成本竞争者在价格上直接对抗。公司可以专注于高端市场或特定领域(如工业制造、智慧城市等),提高产品附加值。

品牌营销强化:加强品牌建设和客户关系管理,通过市场宣传、用户体验优化等手段提高客户的品牌忠诚度。利用客户服务、售后支持等软性优势,增强市场黏性。

开拓新市场:加快扩展北美市场和其他潜力市场的步伐,减少对单一市场的依赖。通过布局更多地区,分散市场竞争的风险。

结论:

鸿××智能科技有限公司的应急预案围绕供应链中断、数据安全隐患和市场竞争加剧三大风险展开,涵盖了供应链管理、网络安全、技术创新、市场拓展等多个领域的应对措施。通过实施这些应急预案,公司能够有效降低运营风险,提升市场竞争力,并在危机中保持业务的持续性和稳定性。

根据我们所提供的信息,AI 软件为××智能科技有限公司制定了比较全面的风险应急预案,针对公司面临的三大风险,提供了一份可靠的风险管理支持。

场景六
企业财务流程自动化

近些年来，随着人工智能技术水平不断提高，AI 软件在企业财务领域的应用也在不断扩大，AI 财务对于优化企业决策，提高财务工作效率具有非常重要的意义。

在 AI 时代，企业财务人员从传统只能靠经验模糊预测转变为利用新技术精准预测，通过 AI 软件的全面分析，可以在企业的收入预测、成本预测、利润预测等方面更加确切，以适应市场环境的快速变化。对于功能足够强大的 AI 软件来说，它就像一个全能助手，可以发挥强大的作用，提供强大的数据搜索引擎，以及决策支持功能，提高企业财务问题处理效率。AI 利用海量数据，提升能力上限，解决曾经令财务专员头疼的棘手问题。

世界知名企业家比尔·盖茨曾经说过："人工智能将彻底改变你使用电脑的方式。"如今，人工智能已然正在转变企业财务系统的工作模式。

利用 AI 软件可以自动处理大量重复性的企业财务任务，AI 软件的低错误率和高效率，可以让财务团队从日常烦琐的事务中解脱出来，实现自动化流程，专注于其他更重要的工作。

8.1　企业报销凭证

财务管理人员可以利用 AI 快速生成企业报销凭证，免去许多烦琐的步骤。

问：本企业为A科技有限公司，请帮我生成一个员工出差报销凭证模板。

答：

A科技有限公司 员工出差报销凭证模板

基本信息：

报销凭证编号：[自动生成]

报销日期：[自动生成]

报销人员：[选择员工姓名]

部门：[选择部门名称]

职位：[选择职位名称]

工号：[填写工号]

出差信息：

出差目的地：[填写城市]

出差日期：[填写开始日期]至[填写结束日期]

出差事由：[填写出差目的]

报销明细：

交通费用：

机票/火车票：[填写金额]

市内交通费：[填写金额]

住宿费用：

酒店住宿费：[填写金额]

餐饮费用：

工作餐：[填写金额]

其他餐饮：[填写金额]

会议注册费/展览费

注册费/展览费：[填写金额]

其他费用：

[其他费用1名称]：[填写金额]

[其他费用2名称]：[填写金额]

报销总额：[自动计算合计金额]

附件清单：

[选择并上传发票图片]

[选择并上传收据图片]

[选择并上传其他相关文件]

审批信息：

部门经理审批：[签名栏]

财务部审核：[签名栏]

总经理批准：[签名栏]

备注：

[填写备注信息，如特殊事项说明等]

以上是 AI 软件为我们快捷生成的报销凭证，可以看出，报销凭证包含的要素非常齐全，财务管理者可以把企业出差人员的具体信息填写进去，当然也可以把信息"打包"交给AI，请它填写，如图8-1，图8-2所示。

图 8-1 点击"文件"

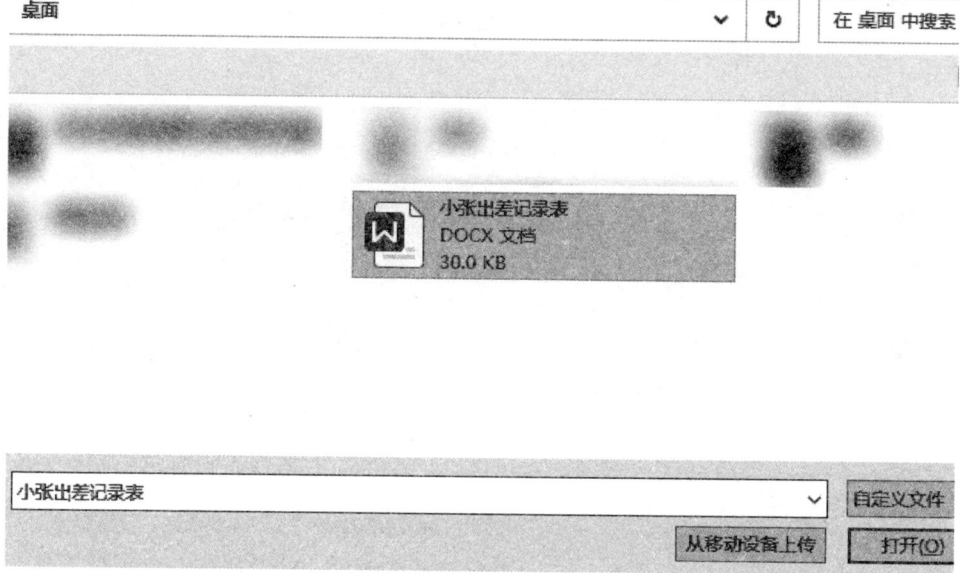

图 8-2 选择"小张出差记录",点击"确定"

这样一来,AI 软件便可以快速从文档中提取信息,填充出差报销凭证。

(接上)

问:结合文档内容,填补这份出差报销凭证模板。

答:A 科技有限公司 员工出差报销凭证模板。

基本信息:

报销凭证编号:[A20230401001]

报销日期:[2023 年 4 月 1 日]

报销人员：小张

部门：市场部

职位：市场专员

工号：M005

出差信息：

出差目的地：上海

出差日期：2023 年 3 月 28 至 30 日

出差事由：参加春季国际电子产品展览会，进行市场调研及新客户开发。

报销明细：

交通费用：

机票/火车票：1200 元人民币

市内交通费：300 元人民币

住宿费用：

酒店住宿费：1500 元人民币（共 3 晚，平均每晚 500 元人民币）

餐饮费用：

工作餐：450 元人民币（按每日 150 元人民币计算，共 3 天）

其他餐饮：150 元人民币（商务宴请）

会议注册费/展览费：

注册费/展览费：800 元人民币

> ············
>
> （内容过长在此不完全展示）
>
> 　　此次出差期间，成功拜访了 5 家潜在客户，并收集了详细的市场反馈，预计将有 2 家客户在下一季度达成合作意向。同时，展览会上的新品展示受到了广泛好评，为公司品牌宣传起到了积极作用。

　　可见，AI 软件以"小张"套入报销模板，生成了比较全面的报销凭证。但是如果我们对报销凭证还有其他更加具体细致的要求，仍然可以继续提问优化。

8.2 财务数据智能预测

AI 可以处理和分析大量的财务数据，并生成实时的财务报告。通过机器学习算法，AI 能够识别财务数据中的趋势和模式，预测未来的收入、支出和现金流。企业管理者可以基于这些智能预测进行更准确的预算规划和决策，提升财务管理的精准度。

问：B 科技有限公司 2023 年的财务数据如下，请根据这些数据，对该公司 2024 年的发展做出预测。

B 科技有限公司 2023 年的财务数据

总收入：1800 万元人民币

净利润：400 万元人民币

总资产：2700 万元人民币

总负债：800 万元人民币

股东权益：1900 万元人民币

经营活动产生的现金流量：400 万元人民币

投资活动产生的现金流量：550 万元人民币

筹资活动产生的现金流量：500 万元人民币

净增加现金流量：350 万元人民币

答：基于 B 科技有限公司 2023 年的财务数据，我们可以进行以下预测和分析来评估其 2024 年的潜在发展：

财务健康：

资产负债结构：公司的总资产为 2700 万元人民币，总负债为 800 万元人民币，资产负债率大约为 29.6%，这显示出公司的财务杠杆处于较低水平，财务结构较为稳健。股东权益较高（1900 万元人民币），表明公司拥有较强的自筹资金能力。

盈利能力：净利润为 400 万元人民币，总收入为 1800 万元人民币，净利率约为 22.2%，这表明公司具有良好的盈利能力和成本控制。

现金流动性：

现金流量：经营活动产生的现金流量为 400 万元人民币，表明公司的主营业务能够持续稳定地产生现金流。然而，投资活动产生的现金流量为 550 万元人民币，这可能表明公司在扩大或更新业务、设备上的投资较大。筹资活动产生的现金流量为 500 万元人民币，说明公司可能进行了债务融资或发行股票等筹资活动。

净现金流：净增加现金流量为 350 万元人民币，说明公司整体现金流状况健康，能够支持日常运营及未来的投资。

2024 年展望：

1. 收入增长：考虑到公司较强的盈利能力和积极的投资活动，如果这些投资能够转化为新的盈利点，预计 2024 年公司的总收入可能会继续增长。

2. 盈利前景：维持或提高净利润率将是公司的关键，特别是在增收的同时如何有效控制成本和提高运营效率。

3. 资本结构：公司可能需要继续关注其资本结构，确保负债水平保持在可控范围内，避免过度依赖外部融资。

4. 现金流管理：强化现金流管理，确保投资能带来回报，同时也要考虑适当的风险管理措施来应对未来可能的市场变动。

综上所述，B科技有限公司在2024年有望继续保持增长趋势，并可能通过其投资活动开拓新的利润增长点。然而，公司需留意保持健康的资本结构和现金流状态，以避免潜在的财务风险。

在我们的提问下，AI软件根据B科技有限公司的财务数据作出预测，预测中包含对公司财务健康、盈利能力、资本结构和现金流管理的深入分析，这些都是评估公司未来表现的关键因素。预测逻辑清晰，结合了历史表现和行业趋势，具有一定的参考性。

问：请结合C科技有限公司财务信息，对其2024年的发展做出预测。

C科技有限公司财务信息。

成立时间：2018年。

所在地区：广州，中国。

行业：信息技术服务。

主要业务：

企业级软件开发。

数据分析与处理。

云计算解决方案。

人工智能产品开发。

企业财务数据（2023年度）：

总资产：2亿元人民币

年收入：1.5亿元人民币

净利润：3000万元人民币

研发投入：5000万元人民币

员工数：约200人

财务分析：

资产负债率：30%

净资产收益率（ROE）：15%

营业利润率：20%

市场情况：

市场份额：国内市场中占有率为5%，主要竞争对手包括其他国内大型IT服务公司。

答：根据C科技有限公司的财务信息和市场状况，我们可以进行一些关于其 2024 年发展的预测：

经济背景与市场趋势：

2024 年，信息技术服务行业预计将持续增长，尤其是在云计算、人工智能和数据分析领域。随着数字化转型加速，企业对于这些技术的需求预计将继续上升。因此，C 科技有限公司所处的市场环境有利于公司进一步扩展其业务。

财务预测：

收入增长：考虑到公司在过去几年的发展态势及行业增长趋势，2024 年的年收入可能会增长 10% 至 20%。这将基于现有客户的扩展和新客户的增加，尤其是在云计算和人工智能领域。

利润增长：如果公司能够保持或优化其成本结构，尤其是在研发和市场营销方面，净利润增长可能会超过收入增长的比例。预计净利润可能增长至 3500 万元人民币到 4000 万元人民币之间。

研发投入：鉴于技术行业的竞争性和技术迭代的速度，C 科技有限公司可能会继续增加研发投入，以保持技术领先和产品创新。

…………

8.3 日常资金收支管理

企业财务部门工作人员的重要工作之一,就是进行企业日常资金收支管理。企业运营的过程中,会遇到各种变量乃至一些不可控因素,这些因素可能会改变企业常规模式下的资金收支情况,作为财务人员,对此要精心计算,防患于未然。比如,财务专员要根据公司的经营计划编制资金预算,以合理安排资金的用途。还要调度资金流向,确保资金在公司内部与外部的合理流向。拟定资金筹资方案,根据企业的发展实际情况,结合市场和政策条件,制定筹资方案,等等。总之,利用 AI 软件,能够帮助企业财务人员提升日常资金收支管理效率,加强资金收支管理的准确性。

8.3.1 制定资金预算

企业财务人员可以利用 AI 制定资金预算,如今,这已经成为现代财务管理的重要趋势之一。利用 AI 的便捷性,原本繁复耗时的工作将变得更加简单,同时也提高了资金预算的准确性。在具体的操作时,财务人员只需要把企业相关的财务数据交给 AI,等待它进行预算即可。

> 问:请结合××科技有限公司的财务情况,制定资金预算。
> ××科技有限公司
> 行业:智能硬件制造

成立时间：2016年

员工人数：150人

主营业务：开发、生产、销售智能穿戴设备（如智能手表、智能眼镜、健康追踪设备）。

总部：深圳市

资金现状：

1. 年收入。

××科技有限公司在2023年的年收入约为5000万元人民币，其中60%来自智能手表的销售，30%来自智能眼镜，10%来自健康追踪设备。

2. 研发费用。

企业每年将收入的20%用于研发，2023年研发支出为1000万元人民币。公司计划在2024年增加研发投入至1500万元人民币，重点开发一款新一代智能手表。

3. 生产成本。

智能穿戴设备的生产成本占收入的40%，2023年的生产成本约为2000万元人民币。预计2024年随着产量提升及原材料成本上涨，生产成本将增加至2400万元人民币。

4. 营销费用。

企业用于市场推广和品牌建设的费用占收入的10%，即2023年为500万元人民币。公司计划在2024年增加营销支出至700万元人民币，以加强海外市场的拓展。

5. 运营费用。

2023年的日常运营支出（办公、人员薪酬、租金等）为1200万元人民币，占收入的24%。公司计划在未来一年保持这一支出基本不变。

6. 现金储备。

企业目前的现金储备为1000万元人民币，主要用于应对突发的市场风险和意外支出。

…………

答：根据××科技有限公司的财务情况，我们可以制定2024年的资金预算，以确保公司在各项支出计划合理分配的基础上，实现业务目标和市场扩展。以下是详细的预算计划：

2024年资金预算目标概述

目标是通过适当增加研发、生产和营销费用，同时控制运营支出和偿还部分贷款，确保公司在保持稳健运营的同时，实现产品开发和市场扩展的战略目标。以下是详细的预算分配：

1. 收入预测。

预计2024年收入仍将维持5000万元人民币，考虑到智能穿戴设备市场的竞争加剧，以及公司在国际市场的拓展，公司需要投入更多的资源进行产品研发和市场推广，因此收入保持不变，但支出结构需要调整。

2. 研发预算。

2023 年研发支出：1000 万元人民币，占收入的 20%。

2024 年研发预算：公司计划重点开发新一代智能手表，研发投入将增加至 1500 万元人民币，占年收入的 30%。该预算将用于技术研发、测试、产品设计及其他相关活动，确保新产品能够迅速推向市场并占据竞争优势。

3. 生产成本预算。

2023 年生产成本：2000 万元人民币，占收入的 40%。

2024 年生产预算：考虑到产量提升和原材料价格上涨，预计 2024 年生产成本将增加到 2400 万元人民币，占年收入的 48%。这部分预算将用于采购原材料、生产设备维护以及其他生产相关支出。公司需要进一步优化生产流程，寻找供应链优化的机会，控制生产成本的过快上升。

…………

9. 预算总结。

预计收入：5000 万元人民币

研发预算：1500 万元人民币

生产预算：2400 万元人民币

营销预算：700 万元人民币

运营预算：1200 万元人民币

现金储备：1000 万元人民币

> 贷款偿还：1000 万元人民币
>
> 净利润：600 万元人民币
>
> 分红：180 万元人民币

8.3.2 拟定资金筹集方案

企业财务人员在制定资金筹集方案时，AI 可以发挥强大的支持作用，特别是在企业面临资金需求时，AI 能够通过大数据分析和智能算法，从多个渠道迅速提供融资建议。AI 擅长整合市场数据，分析资金市场动向，识别企业的最佳融资途径，包括银行贷款、股权融资、债券发行等多种选项。同时，AI 能够预测不同融资方式对企业财务状况的影响，如成本、风险、现金流等，能够使财务人员做出更加明智的决策。在提供创新思路方面，AI 以其强大的计算能力，能够快速生成多样化的融资方案，尽管其中一些可能未必完全适合企业的具体情况，但它为财务人员提供了丰富的灵感来源。

> 问：假设，你是 ×× 科技有限公司财务部门主管，根据企业目前的经济状况（如下），结合企业的发展情况，你将拟定怎样的资金筹集方案？
>
> ×× 科技有限公司

企业财务状况：

截至 2024 年上半年，××科技有限公司的财务状况如下：

年营收：2023 年公司总营收达到 3.5 亿元人民币，较上一年增长 15%。其中，来自物联网和智能家居设备的销售收入占总营收的 60%，软件开发和大数据解决方案占比 40%。

净利润：净利润为 4500 万元人民币，净利润率为 12.8%，利润增长主要得益于公司在国际市场上的扩展，特别是欧洲市场的销售增加。

现金流情况：公司 2024 年上半年的现金流较为稳健，营业活动产生的现金流为 8000 万元人民币，主要源于产品销售和长期合作客户的技术支持项目。然而，由于对新技术研发的高投入，资本支出较大。

企业发展所需资金：

××科技正在计划扩展其业务，特别是在北美市场的布局。为此，企业估计需要至少 1.5 亿元人民币 的资金，用于以下几个方面：

市场推广与品牌建设：在北美市场建立知名度，预计需要 5000 万元人民币的营销费用，用于广告投放、市场调研以及品牌推广。

研发投入：公司计划在 2025 年推出全新一代智能家居设备及配套软件系统，需要加大研发投入，研发费用预算为 6000 万元人民币。

供应链优化与生产线扩展：为了确保产品及时交付和质量稳定，公司还需要对现有的生产线进行升级，资金需求为4000万元人民币。

当前财务难题：

尽管公司总体财务状况良好，但目前××科技正面临一些财务上的挑战：

1. 研发成本增加：随着技术的发展，公司对研发的投入不断增加。为了保持市场竞争力，公司需在人工智能和物联网领域进行持续创新。然而，研发费用占公司总收入的比例逐年上升，短期内对公司的利润率带来一定压力。

2. 应收账款增加：公司与部分大客户的结算周期较长，导致应收账款逐年增加。目前，公司应收账款总额已达到8000万元人民币，影响了短期的现金流。为应对这一问题，公司正在考虑与银行合作，进行应收账款的保理融资。

3. 外部融资困难：虽然公司计划通过融资获取发展资金，但当前宏观经济环境不确定，企业的融资渠道受限，银行贷款条件较为严格，特别是公司需要1.5亿元的扩展资金。融资谈判进展缓慢，尤其是资本市场对科技企业的投资热情有所减弱，给公司的资金筹集带来压力。

答：作为××科技有限公司的财务部门主管，面对企业现有的经济状况和发展需求，我将拟定以下资金筹集方案，旨在确保公司能够顺利扩展北美市场，同时维持稳健的财务基础和持续增长的竞争力。

一、资金筹集方案。

1. 银行贷款与应收账款保理融资相结合。

银行贷款：由于公司当前现金流相对稳健，并且有持续增长的收入来源，可以尝试与银行进行谈判，申请中长期贷款，特别是针对研发投入与供应链升级的部分。利用现有的固定资产与稳健的现金流作为抵押，争取较为优惠的贷款利率。预计可以通过此方式筹集5000万至6000万元人民币。

应收账款保理融资：公司应收账款总额较大，达到8000万元人民币，给短期现金流带来一定压力。因此，建议通过应收账款保理融资的方式，将部分未到期的应收账款提前变现，以缓解现金流压力。通过与金融机构合作，预计可以融资2000万至3000万元人民币。

2. 发行公司债券。

债券融资：公司可以考虑在资本市场发行债券，以中长期债券形式筹集所需资金。发行公司债的好处是融资成本通常较银行贷款更低，且可以通过固定的利率结构降低融资不确定性。公司财务状况良好，市场对企业债券的认可度高，预计可以通过发行债券筹集5000万元人民币，用于北美市场推广与品牌建设。

3. 战略投资与股权融资。

引入战略投资者：公司可以考虑通过引入战略投资者来获取资本，特别是在物联网与智能家居设备领域，寻找与产业链上游或下游的合作伙伴进行股权合作。战略投资者的引入不仅能够带来资金，还能够帮助公司在研发创新和市场推广方面获得更多的支持。预计可通过此方式筹集 3000 万元至 4000 万元人民币。

股权融资：在战略投资的基础上，公司也可以考虑进行部分股权融资，特别是向风险投资机构开放少量股份。此举可以在不增加债务压力的情况下，获得额外的资金支持，同时借助资本市场力量加快企业扩展步伐。

…………

场景七
AI 投资决策

人工智能可以称得上 21 世纪最具革命性的技术之一，在企业财务管理领域，利用 AI 软件，企业管理者可以实现投资决策智能化，改善投资决策，降低企业投资决策的失误率。

在传统的企业中，企业相关的一切管理事宜都要各部门负责人与部门员工亲力亲为，每一个事项都可大可小，每个人都可能在繁杂的工作中出现失误，对企业发展产生负面的影响。关于企业投资决策方面，更是企业运营和发展的重中之重，企业投资决策决定了企业的"命脉"，决定企业未来的方向，容不得失误。

如今，人工智能技术快速崛起，企业管理者可以通过 AI 软件优化投资决策，让企业投资决策更加快速化、便捷化、精准化，更符合市场发展的趋势，这显然对于企业的长远发展具有难以忽视的优势。

（由于企业投资决策涉及的影响较大，在此，AI 可以起到辅助作用，但是不建议完全"照搬照抄"AI 的方法）

9.1 综合分析行业现状，辅助做好投资决策

利用 AI 软件对行业现状进行综合分析，能够大幅提升投资决策的精准度和效率。通过大数据的挖掘与处理，AI 软件可以快速汇总和分析海量的市场信息，从多个维度了解行业的动态、趋势以及潜在风险。

在实际操作中，AI 还可以根据特定的投资目标和风险偏好，自动生成个性化的投资策略建议，并模拟不同情境下的投资收益和风险情况，辅助投资者选择最佳方案。

第一步：利用 AI 软件实现资料的快速检索。

问：请帮我搜索，智能科技公司产业现状相关的资料。把相关的文献或网址列出来。

答：智能科技公司产业现状的相关资料可以从多个角度进行归纳和总结。以下是根据当前可获取的信息，整理出的智能科技公司产业现状的概述及相关文献或网址的链接：

一、产业规模与增长

1. 全球市场。

近年来，全球人工智能市场规模持续增长。据中研普华产业研究院发布的报告，2022年全球人工智能市场规模已达到23901亿元，同比增长26.7%。预计到2024年，这一数字将增长至约35137亿元。

数据来源：中研网。

2. 中国市场。

中国的人工智能市场也在迅速发展。据不同来源的数据显示，2023年中国人工智能产业规模已达到2137亿元至2896亿元不等，同比增长显著。预计到2024年，中国人工智能市场规模将突破6000亿元或达到3566亿元，显示出高速增长的趋势。

数据来源：中研网。

二、技术创新与应用

1. 技术创新。

人工智能技术在多个领域取得了显著进步，包括深度学习、自然语言处理、计算机视觉等。这些技术的不断创新推动了智能科技公司的发展。

随着技术的不断进步，人工智能算法的优化和改进也在持续进行，进一步提高了人工智能的性能和效率。

2. 应用领域。

人工智能技术在互联网、金融、医疗、教育、智能制造等多个领域得到了广泛应用。例如，在互联网行业，人工智能被用于用户画像、推荐系统等；在金融行业，则应用于风险管理、欺诈检测等方面。

智能制造领域，智能科技公司通过提供智能制造装备和系统解决方案，推动了工业智能化生产管理的发展。

三、竞争格局

1. 主要竞争者。

智能科技公司产业中，国内外企业纷纷加大投入以争夺市场份额。全球范围内，谷歌、微软、亚马逊等国际巨头凭借深厚的技术积累和丰富的应用场景占据领先地位。

在中国，百度、阿里巴巴、腾讯等企业则凭借本土市场的深厚根基和创新能力崭露头角。此外，还有众多专注于人工智能技术的创业公司和中小企业在市场中活跃。

2. 竞争策略。

为了在激烈的市场竞争中脱颖而出，各公司采取了不同的竞争策略，包括技术创新、产品差异化、合作与联盟等。

四、发展趋势

1. 技术融合与创新。

人工智能技术将与其他技术如物联网、大数据、云计算等深度融合，推动智能化的发展。这种融合将催生更多创新应用和商业模式。

2. 应用场景拓展。

随着技术的不断成熟和应用场景的拓展，人工智能将在更多领域发挥重要作用。例如，在医疗领域实现更精准的诊断和治疗；在金融领域实现更安全、高效的金融交易；在交通领域实现更智能、高效的交通管理等。

3. 政策支持与市场需求。

各国政府纷纷出台政策支持人工智能技术的发展和应用。同时，市场需求的不断增长也为智能科技公司提供了广阔的发展空间。

五、相关文献或网址

中研网：www.chinairn.com。该网站发布了多份关于人工智能技术应用行业及智能制造行业的市场分析报告，提供了丰富的产业数据和发展趋势分析。

智能产业网：www.zhineng.com.cn。该网站专注于数字化、AI人工智能、工业互联及智能制造等领域的资讯报道，为读者

> 提供了丰富的行业动态和技术创新信息。
>
> 请注意，以上信息可能随时间发生变化，建议定期关注相关网站和权威机构发布的最新报告以获取最新信息。如图 9-1 所示。

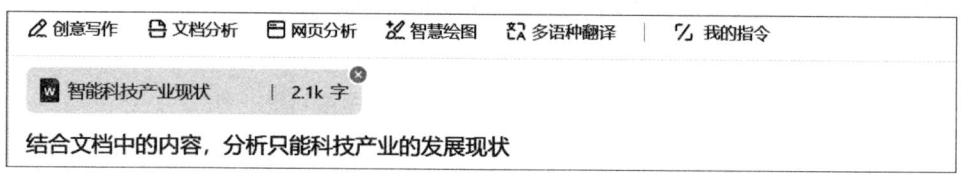

图 9-1 资料来源

AI 软件在我们的要求下，快速检索全网内容，搜集了关于智能科技公司发展现状的部分内容，并且列出了资料来源。

第二步：将资料汇总，然后存入文档之中，并上传给 AI，请他进行综合分析。如图 9-2、图 9-3 所示。

图 9-2 选择【智能科技产业现状 .DOCX】，点击"打开"

图 9-2 选择【智能科技产业现状 .DOCX】，点击"打开"

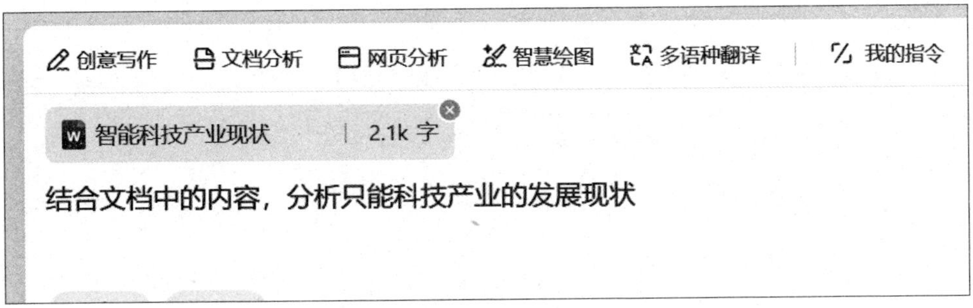

图 9-3 点击蓝色确定键

问：结合文档中的内容，分析智能科技产业的发展现状。

答：结合上述内容，智能科技产业的发展现状可以从以下几个方面进行深入分析：

1. 产业规模迅速扩大。

核心产业规模：截至 2023 年 6 月，我国人工智能核心产业规模已达到 5000 亿元，显示出强劲的增长势头。企业数量超过 4400 家，仅次于美国，位列全球第二，这充分说明了中国在人工智能领域的快速发展和竞争力。

2. 技术体系与产业生态构建。

技术体系完善：中国已经构建起包括智能芯片、大模型、基础架构和操作系统、工具链、深度学习平台和应用技术在内的人工智能技术体系。特别是大模型的开发和应用，标志着人工智能进入了新的发展阶段，技术系统复杂度远超前三次工业革命的通用目的技术。

产业创新生态：平台企业及其构建的产业创新生态在推动人工智能发展中起主导作用，通过合作和资源共享，加速了技术创新和成果转化。

3. 应用领域广泛且深入。

应用领域多样化：人工智能被广泛应用于智慧城市、智能制造、智慧农业、AI for science 等 20 个细分领域，不仅提升了传统行业的效率和质量，还催生了新的商业模式和产业形态。

关键赛道崛起：AI for science 在科学研究领域的应用成为新增的关键赛道之一，显示了人工智能在推动科技进步方面的巨大潜力。

4. 地域分布从"极化"到"扩散"。

极化阶段：2017 年之前，我国人工智能科技创新和产业发展主要集中在少数几个城市，尤其是北京，成为全球人工智能科技创新和产业发展的策源地。

扩散阶段：随着地方政府的积极响应和推动，人工智能开始从少数城市向更广泛的地域扩散，特别是在京津冀、长三角和珠三角地区，形成了跨区域的技术合作和产业聚集。

中西部和东北地区发展：中西部地区和东北地区的城市如

武汉、长沙、重庆、成都、西安、沈阳、长春和哈尔滨也开始出现人工智能产业创新生态，推动全国范围内的均衡发展。

5. 技术合作与产业协同。

技术合作网络：我国人工智能企业技术合作呈现出"极核"状网络结构特征，北京、广东、浙江和上海是核心节点，技术合作关系密切。

技术合作密度：企业智能管理、智慧城市、智能制造等领域的技术合作密度较高，反映出这些领域对人工智能技术的需求和应用较为广泛。

三次产业分布：人工智能技术在第三产业的应用最为广泛，但近年来第二产业的技术合作关系占比呈上升趋势，显示出人工智能在推动制造业转型升级中的重要作用。

6. 政策支持与创新驱动。

政策支持：国家和地方政府的政策支持为人工智能产业的发展创造了良好的环境，通过出台一系列政策措施，鼓励技术创新、企业发展和应用推广。

创新驱动：高质量数据集、高性能算力集群和工程化能力的头部科技企业、新型创新组织和高水平研究型大学的合作，成为人工智能创新发展的主导力量，推动了技术的不断进步和

> 应用场景的拓展。
>
> 综上所述，中国智能科技产业正处于快速发展阶段，产业规模不断扩大，技术体系逐步完善，应用领域广泛且深入，地域分布从"极化"向"扩散"转变，技术合作与产业协同日益加强，政策支持与创新驱动为产业发展提供了有力保障。未来，随着技术的不断进步和应用场景的持续拓展，中国智能科技产业有望继续保持强劲的发展势头。

AI根据文档内容生成的产业分析数据翔实、结构清晰、比较全面，对于企业管理者具有一定的参考价值。

9.2 企业投资与发展方向预测

利用 AI 软件，可以实现企业发展方向预测，这主要得益于 AI 技术在数据分析、模式识别、预测建模等方面的强大能力。

例如，文心一言、科大讯飞等 AI 软件解决方案在多个领域得到了广泛应用，如教育、医疗、金融等。通过利用 AI 软件进行数据分析和预测建模，能够洞察市场需求和行业趋势，为企业制定科学的发展战略提供有力支持。

问：

××科技有限公司企业背景与愿景。

××科技有限公司成立于 21 世纪初，总部位于上海，是一家集人工智能、大数据、云计算、物联网等前沿技术于一体的综合性高新技术企业。公司致力通过技术创新推动社会进步，为全球客户提供智能化解决方案，让科技更好地服务于生活与产业发展。

主营业务：

智能物联网解决方案：为智慧城市、智能家居、工业 4.0 等领域提供定制化的物联网解决方案，包括智能传感器研发、数据采集与分析平台、远程监控与管理系统等，助力客户实现高效、智能的运营与管理。

人工智能应用服务：专注于自然语言处理、计算机视觉、机器学习等AI核心技术研发，应用于智能客服、智能安防、自动驾驶辅助系统、智能医疗诊断等多个领域，提升行业智能化水平。

大数据分析与云服务平台：构建高性能、可扩展的云计算平台，提供大数据存储、处理、分析及可视化服务，帮助企业和政府机构挖掘数据价值，优化决策流程，提升业务效率。

智慧城市综合解决方案：整合物联网、AI、大数据等技术，为城市管理者提供包括智能交通、智慧环保、智慧能源、智慧教育、智慧医疗等在内的全方位智慧城市解决方案，推动城市可持续发展。

请结合××科技有限公司的发展情况，对其未来10年的企业发展方向做出预测。

答：针对××科技有限公司当前的发展情况及主营业务，对其未来10年的企业发展方向，我们可以做出以下预测：

深化技术创新与研发投入：

××科技将继续加大在人工智能、大数据、云计算、物联网等核心技术上的研发投入，特别是在深度学习、强化学习、边缘计算等前沿领域，以保持技术领先优势。

推动跨学科融合创新，如AI与生物技术的结合、物联网与区块链技术的融合等，探索新技术应用的新场景和新模式。

拓展全球化布局：

随着技术的成熟和市场的拓展，××科技将逐步加强全球化战略，通过设立海外研发中心、分支机构或合作伙伴关系，扩大国际市场影响力。

针对不同国家和地区的市场需求，定制化开发智能化解决方案，提供更加贴近当地客户的服务。

....

问：结合以上内容分析，如果××科技有限公司着力深化技术创新与研发投入，推动跨学科融合创新，预期会有怎样的收获？

答：如果××科技有限公司着力深化技术创新与研发投入，并积极推动跨学科融合创新，预期将带来以下几方面的显著收获：

技术领先优势巩固与扩大：持续加大在人工智能、大数据、云计算、物联网等核心技术上的研发投入，将使××科技在这些领域保持并扩大其技术领先优势。特别是在深度学习、强化学习、边缘计算等前沿领域的突破，将为公司带来独特的技术壁垒，增强市场竞争力。

新产品与新服务的不断涌现：技术创新是推动企业持续发展的重要动力。通过跨学科融合创新，如AI与生物技术的结合、物联网与区块链技术的融合等，××科技能够探索出更多新技术应用的新场景和新模式，从而开发出更具创新性和竞争力的新产品与服务，满足市场多元化、个性化的需求。

....

结 语

本书从多角度、多层次揭示了人工智能在企业管理中的革命性作用，为读者勾勒出一幅关于未来企业智能化发展的蓝图。在当今的数字化经济浪潮中，AI 不仅是一个工具，更是一种战略性的赋能方式，能够为企业带来全方位的效率提升和创新机会。从人力资源管理到市场营销，从企业运营到财务管理，人工智能的应用正在深刻改变着企业的每一个管理环节，为企业的快速发展和长远规划注入强大的动力。

随着全球企业竞争的日益激烈，传统的管理模式已经无法满足现代企业对敏捷性和高效运营的要求。而 AI 的引入，使得企业能够更灵活智能地应对市场的快速变化，通过数据驱动决策和流程自动化，降低成本、提高效率，并在最短时间内响应市场需求。正如本书所展示的，AI 在企业管理中的应用不仅局限于自动化处理日常事务，更在于它能够为企业提供深度的市场洞察、精准的客户分析和风险预警，从而辅助企业在复杂的市场环境中做出更明智的战略决策，为企业提供许多有价值的参考建议。

  本书不仅是一本关于如何利用人工智能工具的技术指南，它更是对未来企业管理模式的一次深刻探讨和展望。如今，AI 的应用已经渗透到企业的方方面面，从最初的辅助工具到如今的核心战略，人工智能正在逐步改变企业的运营逻辑和管理方式。未来，随着 AI 技术的进一步发展，企业管理的边界将不断被重新定义，企业将能够通过更为先进的技术手段，实现前所未有的增长和变革。

  面对 AI 赋能下的企业管理新生态，那些能够积极拥抱技术变革、率先推动智能化转型的企业，将在未来的竞争中占据不可撼动的优势。随着人工智能技术的不断成熟，企业将从中受益无穷，迎来全新的发展机遇。通过本书的系统阐述和实际案例，读者可以更清晰地理解 AI 在企业管理中的应用价值和未来发展潜力，为企业管理者提供了实施智能化转型的思路和方法。